Découvertes

Cadet

1

Grammatisches Beiheft

von
Dieter und Ulrike Kunert
Wolfgang Spengler

unter Mitarbeit von
Marlène Cloßen

weitere Mitarbeit
Monika Beutter
Michette Eyser
Heiko Glückher
Brigitte Wagner

Ernst Klett Verlag
Stuttgart · Leipzig

Vorwort

Ich heiße *Paulette*.
Gemeinsam mit meinen Freunden *Amandine* und *Théo* begleite ich dich durch dieses Grammatische Beiheft.

Du wirst feststellen, Grammatik macht Spaß.
Lies dir die folgenden Hinweise aufmerksam durch, dann findest du dich im Grammatischen Beiheft bestens zurecht.

So ist ein Grammatikkapitel aufgebaut:

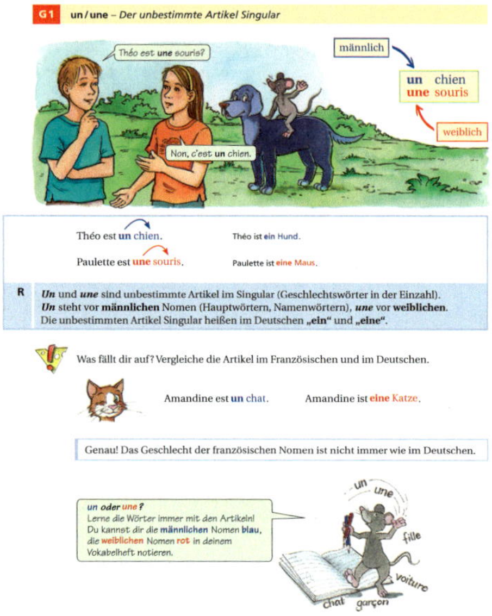

G1 **un / une** – *Der unbestimmte Artikel Singular*

Théo est **un** chien. — Théo ist **ein** Hund.

Paulette est **une** souris. — Paulette ist **eine** Maus.

R ***Un*** und ***une*** sind unbestimmte Artikel im Singular (Geschlechtswörter in der Einzahl). ***Un*** steht vor **männlichen** Nomen (Hauptwörtern, Namenwörtern), ***une*** vor **weiblichen**. Die unbestimmten Artikel Singular heißen im Deutschen **„ein"** und **„eine"**.

Was fällt dir auf? Vergleiche die Artikel im Französischen und im Deutschen.

Amandine est **un** chat. — Amandine ist **eine** Katze.

Genau! Das Geschlecht der französischen Nomen ist nicht immer wie im Deutschen.

un oder une?
Lerne die Wörter immer mit den Artikeln! Du kannst dir die **männlichen** Nomen **blau**, die **weiblichen** Nomen **rot** in deinem Vokabelheft notieren.

Hier steht, um welches Thema es geht.

Zeichnungen, Sprechblasen und Formen zeigen dir das Wichtigste auf einen Blick.

Anhand der Beispiele wird die Regel abgeleitet.

Hier kannst du selber wichtige Besonderheiten entdecken.

Diese Tipps helfen dir beim Lernen.

Und hier gibt es weitere nützliche Hilfen:

- Am Ende jeder Lektion kannst du dich in der Rubrik ***Alles klar?*** selbst testen. Alle **Lösungen** findest du auf den Seiten 59–61.
- In der Rubrik ***Révisions*** (Seiten 62–68) kannst du bestimmte grammatische Schwerpunkte noch einmal auf einen Blick nachschlagen.
- Ganz am Ende findest du eine Übersicht über die grammatischen Begriffe (Seiten 69–71) sowie ein Stichwortverzeichnis (Seite 72).

Erklärung der Symbole:

↻	Wiederholung: Hier wird an Themen angeknüpft, die bereits vorgestellt wurden.
→ G 16	Hier wird auf Grammatikkapitel verwiesen, in denen ein bestimmtes Thema behandelt wird.
NEU	Hier wird ein neues grammatisches Thema vorgestellt.
(Flagge)	Hier erfährst du, wie das Grammatikkapitel auf Französisch heißt.
»	Hier geht das Kapitel auf der nächsten Seite weiter. Blättere bitte um.

Inhaltsverzeichnis

LEÇON 1

G1 un / une – *Der unbestimmte Artikel Singular*

männlich

un chien
une souris

weiblich

Théo est **un** chien.	Théo ist **ein** Hund.
Paulette est **une** souris.	Paulette ist **eine** Maus.

R ***Un*** und ***une*** sind unbestimmte Artikel im Singular (Geschlechtswörter in der Einzahl). ***Un*** steht vor **männlichen** Nomen (Hauptwörtern, Namenwörtern), ***une*** vor **weiblichen**. Die unbestimmten Artikel Singular heißen im Deutschen **„ein“** und **„eine“**.

Was fällt dir auf? Vergleiche die Artikel im Französischen und im Deutschen.

Amandine est **un** chat. — Amandine ist **eine** Katze.

Genau! Das Geschlecht der französischen Nomen ist nicht immer wie im Deutschen.

***un* oder *une*?**
Lerne die Wörter immer mit den Artikeln!
Du kannst dir die **männlichen** Nomen **blau**, die **weiblichen** Nomen **rot** in deinem Vokabelheft notieren.

der unbestimmte Artikel Singular – l'article indéfini au singulier

LEÇON 2

G2 le / la – *Der bestimmte Artikel Singular*

männlich → **le** paradis, **l'** arbre

weiblich → **la** nature, **l'** affiche

C'est **le** crayon de Christian. — Das ist Christians Stift. (wörtlich: Das ist der Stift von Christian.)

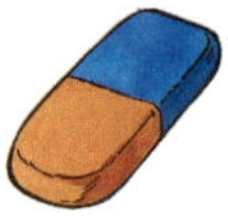 

C'est **la** gomme de Malika. — Das ist Malikas Radiergummi. (wörtlich: Das ist der Radiergummi von Malika.)

R 1 ***Le*** und ***la*** sind bestimmte Artikel im Singular.
Le steht vor **männlichen** Nomen (Hauptwörtern, Namenwörtern), ***la*** vor **weiblichen**.

C'est **l'arbre** de Théo. — Das ist Théos Baum. (wörtlich: Das ist der Baum von Théo.)

C'est **l'affiche** de Christian. — Das ist Christians Plakat. (wörtlich: Das ist das Plakat von Christian.)

R 2 „a, e, i, o, u" nennt man „Vokale" (Selbstlaute).
Vor Nomen mit Vokal am Anfang steht statt ***le*** oder ***la*** nur „***l***" mit einem Apostroph (Auslassungszeichen).

l'

der bestimmte Artikel Singular – l'article défini au singulier

Was fällt dir auf? Vergleiche die bestimmten Artikel im Deutschen und im Französischen.

der	Hund	**die**	Maus	**die**	Katze	das	Auto
le	chien	**la**	souris	**le**	chat	**la**	voiture

Genau! Im Deutschen gibt es bestimmte Artikel für drei Geschlechter:
männlich (**der** Hund), weiblich (**die** Maus) und sächlich (**das** Auto).
Im **Französischen** gibt es **nur männlich und weiblich**.
Dass das Geschlecht der französischen Nomen nicht immer wie im Deutschen ist, weißt du schon aus → G1.

Zusammenfassung

un arbre → **l'a**rbre

une étagère → **l'é**tagère

<table>
<tr><td colspan="2">un</td><td colspan="2">une</td><td>unbestimmter Artikel Singular</td></tr>
<tr><td>le</td><td colspan="2">l'</td><td>la</td><td>bestimmter Artikel Singular</td></tr>
</table>

G 3 Der Apostroph und seine Bande

Das ist der **Apostroph** und seine Bande:
der ***accent aigu***, der ***accent grave*** und die ***cédille***.

Der **Apostroph**:
Der Apostroph zeigt an, dass ein Buchstabe wegfällt.
So wird verhindert, dass zwei Vokale in der Aussprache aneinanderstoßen, z. B.

l~~e~~ arbre → l'arbre   le chat d~~e~~ Emma → le chat d'Emma

Der ***accent aigu***:
Der *accent aigu* (z. B. in *Théo*) zeigt an, dass ein **-e-** etwa wie das erste -e- in „geben“ ausgesprochen wird.

Der ***accent grave***:
Der *accent grave* (z. B. in *le collège*) zeigt an, dass ein **-e-** etwa wie in „Ärger“ ausgesprochen wird.
In *où* und *là* hat der *accent grave* aber gar keine Auswirkungen auf die Aussprache.
Das musst du einfach lernen.

Die ***cédille***:
Die *cédille* (z. B. in *le garçon*) zeigt an, dass das **-c-** vor -a-, -o- und -u- wie -s- ausgesprochen wird, so wie in „reißen“.
Vor -e- und -i- wird -c- immer wie -s- ausgesprochen (z. B. in *merci* oder *ce*).
Deshalb steht dort nie das -c- mit *cédille*.

Vor -e- und -i- steht die cédille nie!

G 4 il / elle / on – *Personalpronomen*

– **Christian**	est dans le square?	– Oui, **il**	est dans le square.	Ja, er ist im Park.
– **Le square**	est à Paris?	– Oui, **il**	est à Paris.	Ja, er ist in Paris.
– **Malika**	aime la nature?	– Oui, **elle**	aime la nature.	Ja, sie liebt die Natur.
– **La voiture**	est sale?	– Oui, **elle**	est sale.	Ja, es ist schmutzig.

Statt „***er***, ***sie***, ***es***"
nur „**il**" und „**elle**".
Das ist praktisch!
Ich merk's mir schnell!

R 1 ***Il*** und ***elle*** sind Personalpronomen (persönliche „Für"wörter). Sie stehen „für" ein Nomen.
Il steht für ein männliches Nomen;
elle steht für ein weibliches Nomen;
il und ***elle*** vertreten Personen und Sachen.

Ici, **on** respecte la nature.	Hier nimmt **man** Rücksicht auf die Natur.
On dessine l'affiche ensemble?	Zeichnen **wir** das Plakat gemeinsam?

R 2 ***On*** bedeutet **„man"**.
In der Umgangssprache wird es auch für **„wir"** verwendet.

on → man
on → wir

das Personalpronomen – le pronom personnel

G5 je cherche, tu cherches … – *Die Verben auf* -er *(Singular)*

	chercher	suchen
je	**cherche**	ich suche
tu	**cherches**	du suchst
il		er sucht
elle	**cherche**	sie sucht
on		man sucht

R Die Verben mit der Endung ***-er*** im Infinitiv (Grundform) nennt man kurz „Verben auf ***-er***“.
Sie haben im Singular die Endungen ***-e, -es, -e***.
Diese Endungen werden nicht ausgesprochen.

tu cherches (vgl. im Deutschen: du such**st**.)
Das **-s** wird aber nicht ausgesprochen!

Was fällt dir auf? Vergleiche die Verben.

regarder	dessiner	aimer	entrer
je regarde	**je d**essine	**j'a**ime	**j'e**ntre

Genau! Vor einem Verb, das mit Vokal beginnt, wird ***je*** zu ***j'***.
Den Apostroph kennst du schon.

j'

die Verben auf *-er* (Singular) – les verbes en *-er* (singulier)

G6 Paulette est une souris? – *Fragen stellen (I)*

Aussagesatz	Fragesatz

Paulette est une souris**.**	Paulette est une souris**?** – Oui.

Aussage

Aussage			Frage			
Tu cherches Emma	**.**	Du suchst Emma.	Tu cherches Emma	**?**	Suchst du Emma?	Ja. / Nein.
Tu dessines aussi	**.**	Du zeichnest auch.	Tu dessines aussi	**?**	Zeichnest du auch?	
Tu es d'accord	**.**	Du bist einverstanden.	Tu es d'accord	**?**	Bist du einverstanden?	
On entre	**.**	Wir gehen hinein.	On entre	**?**	Gehen wir hinein?	
Tu es là	**.**	Du bist da	Tu es là	**?**	Bist du da?	

R Wenn man im Französischen **am Ende eines Aussagesatzes die Stimme anhebt**, wird daraus eine **Entscheidungsfrage**. Beim Schreiben setzt man ein **Fragezeichen**. Entscheidungsfragen sind Fragen, die man mit „ja“ oder „nein“ beantworten kann.

G7 Tu t'appelles comment? – *Fragen stellen (II)*

R Bei der **Ergänzungsfrage** liegt der **höchste Ton** immer **auf dem Fragewort**, egal, ob das Fragewort am Anfang oder am Ende steht.
Eine Ergänzungsfrage ist eine Frage mit Fragewort.
Man kann sie nicht mit „ja“ oder „nein“ beantworten.

Hier einige **Ergänzungsfragen**, die du schon gelernt hast:

Qui est-ce?	**Wer ist das**?	C'est Christian.
Qui est Christian?	**Wer ist** Christian?	C'est le nouveau.
Que fait Christian?	**Was macht** Christian?	Il dessine Amandine.
Qu'est-ce que c'est?	**Was ist das**?	C'est un dessin.
Elle est **où**, Emma?	**Wo** ist Emma?	Elle est dans le square Trousseau.
Tu t'appelles **comment**?	**Wie** heißt du?	Je m'appelle Amandine.

Alles klar?

1. *Schreibe in deinem Heft den **bestimmten Artikel** zu folgenden Nomen.*

   entrée bloc gomme arbre magasin rue affiche

   *Schreibe dieselben Nomen noch einmal mit dem **unbestimmten Artikel**.*

2. *Ergänze. Achte dabei auf die **Personalpronomen** und die richtigen **Verb-Endungen**.*

   a – Tu dessin~ un arbre?
   – Oui, ~ dessin~ un arbre.
   b – ~ cherch~ Paulette ensemble?
   – D'accord.
   c – Que fait Emma?
   – ~ ramass~ une bouteille.
   d – Et Christian?
   – ~ ramass~ un papier.

3. *Welche **Fragen** passen zu diesen Antworten?*

   a Il dessine un arbre.
   b Elle est sous le banc.
   c C'est une affiche.
   d C'est madame Bertaud.
   e D'accord.

   ?

   Qu'est-ce que c'est?
   Que fait Christian?
   Qui est-ce?
   On cherche Emma ensemble?
   Elle est où, Paulette?

4. *Wie nennt man **un / une / le / la** in der Grammatik?*

   a Nomen b Infinitiv c Artikel d Verb

5. *Welche Aussage stimmt?*

   a ***le*** steht vor weibliche Nomen.
   b ***elle*** vertritt ein männliches Nomen.
   c ***une*** steht vor männlichen Nomen.
   d ***j'*** steht vor einem Verb mit Vokal am Anfang.

   Verbessere die falschen Aussagen.

Die Lösungen zu den Aufgaben findest du auf Seite 59.

LEÇON 3

A+B **G8** **un crayon, deux gommes** – *Der Plural des Nomens*

Singular

un	crayon	ein Bleistift
une	gomme	ein Radiergummi
deux	crayon**s**	zwei Bleistifte
deux	gomme**s**	zwei Radiergummis

Plural

R Im **Plural** (Mehrzahl) erhalten die meisten Nomen ein ***-s***. Das ***-s*** wird nicht gesprochen.

Was fällt dir auf?

une souri**s**

deux souri**s**

Genau! *Souris* endet schon im Singular auf ***-s***,
deshalb braucht man im Plural kein zusätzliches ***-s***.

der Plural des Nomens – le pluriel du nom

G 9 des – *Der unbestimmte Artikel Plural*

Singular → G 1

un	carton	ein Karton
une	bouteille	eine Flasche
des	carton**s**	Kartons
des	bouteille**s**	Flaschen

Plural

Dans la cour, il y a **des** garçons			Im Hof sind **Jungen**
et **des** filles.			und **Mädchen**.
Christian dessine **des‿affiches**.	[de**z**afiʃ]		Christian zeichnet **Plakate**.
Emma raconte **des‿histoires**.	[de**z**istwaʀ]		Emma erzählt **Geschichten**.

R Der **Plural** des **unbestimmten Artikels** heißt immer ***des***.
Vor Wörtern, die mit Vokal oder „stummem h“ beginnen, wird das **-*s*** von ***des*** gesprochen.
Man nennt dies **„Bindung“**, weil man das Wort in der Aussprache mit dem anderen „verbindet“.

Schau noch einmal genau hin. Was fällt dir auf?
Vergleiche Französisch mit Deutsch und Englisch.

Französisch:	Christian dessine	**des**	affiches.
Deutsch:	Christian zeichnet	—	Plakate.
Englisch:	Christian draws	—	posters.

Genau! Im Deutschen und im Englischen gibt es im Unterschied zum Französischen keinen Plural des unbestimmten Artikels.
Der unbestimmte Artikel Plural steht, wenn zuvor noch nicht erwähnt wurde, von welchen Personen oder Dingen gesprochen wird.
Im Deutschen und Englischen steht in diesem Fall gar kein Artikel.

der unbestimmte Artikel Plural – l’article indéfini au pluriel

G 10 les – *Der bestimmte Artikel Plural*

Singular → G 2

le	copain	der Freund
la	copine	die Freundin
les	copains	die Freunde
les	copines	die Freundinnen

Plural

Où sont	**les** stylo**s**?		Wo sind **die** Stifte?
Où sont	**les** gomme**s**?		Wo sind **die** Radiergummis?
Où sont	**les‿a**ffiche**s**?	[le**z**afiʃ]	Wo sind **die** Plakate?
Christian aime	**les‿hi**stoire**s** d'Emma.	[le**z**istwaʀ]	Christian mag Emmas Geschichten. (wörtlich: … **die** Geschichten von Emma)

R Der **Plural** des **bestimmten Artikels** heißt immer ***les***.
Vor Wörtern, die mit Vokal oder „stummem h" beginnen, wird das ***-s*** von ***les*** in der Aussprache gebunden.

Was fällt dir beim Verb ***aimer*** auf?

J'**aime** **les** chiens.
Ich liebe — Hunde.

Genau! Nach *aimer* heißt es *J'aime* **les** *chiens* und nicht *J'aime* ~~*des chiens*~~, obwohl hier im Deutschen kein Artikel steht (→ G 9).

der bestimmte Artikel Plural – l'article défini au pluriel

Zusammenfassung

Der **bestimmte** und der **unbestimmte Artikel** im **Singular** und im **Plural** im Überblick:

	männlich	weiblich	
bestimmter Artikel	**le/l'**	**la/l'**	Singular
	les		Plural
unbestimmter Artikel	**un**	**une**	Singular
	des		Plural

Erinnere dich. Was passiert vor Nomen, die mit Vokal oder „stummem h" beginnen?

l'arbre	**les‿ar**bres	[lezaʀbʀ]
l'histoire	**des‿hi**stoires	[dezistwaʀ]

Genau! Statt ***le*** oder ***la*** steht nur ***„l"*** mit einem Apostroph.
Das **-*s*** von ***les*** und ***des*** wird in der Aussprache gebunden.

G 11 ils/elles – *Personalpronomen*

Singular → G 4

Thomas	→	**il**
Malika	→	**elle**
Thomas et Victor	→	**ils**
Malika et Manon	→	**elles**

Plural

– Où sont **les garçons**?	– **Ils** sont dans le square.	**Sie** sind im Park.
– Où sont **les blocs**?	– **Ils** sont sur l'étagère.	**Sie** sind im Regal.
– Où sont **les filles**?	– **Elles** sont dans la cour.	**Sie** sind im Hof.
– Où sont **les photos**?	– **Elles** sont dans la voiture.	**Sie** sind im Auto.
– Où sont **Victor** et **Emma**?	– **Ils** sont là.	**Sie** sind da.

R ***Ils*** steht für männliche Nomen im Plural;
elles steht für weibliche Nomen im Plural;
ils steht auch für gemischte Gruppen (männlich und weiblich).

Was fällt dir auf? Vergleiche Französisch mit Deutsch und Englisch.

Französisch:	**les garçons**	→	**ils**
	les filles	→	**elles**
Deutsch:	**die Jungen** / **die Mädchen**	}	**sie**
Englisch:	**the boys** / **the girls**	}	**they**

Genau! Im Deutschen steht nur „sie", im Englischen nur „they".
Im Französischen musst du jedoch zwischen ***ils*** und ***elles*** unterscheiden.

G 12 chercher, aimer, habiter … – *Die Verben auf* -er *(Singular und Plural)*

	chercher	**suchen**
je	**cherche**	ich suche
tu	**cherches**	du suchst
il / elle / on	**cherche**	er sucht / sie sucht / man sucht/ wir suchen
nous	cherch**ons**	wir suchen
vous	cherch**ez**	ihr sucht/ Sie suchen *(höflich)*
ils / elles	cherch**ent**	sie suchen

R Die Verben auf ***-er*** haben die Endungen ***-e, -es, -e, -ons, -ez, -ent.***
Nur die Endungen ***-ons*** [-õ] und ***-ez*** [-e] werden ausgesprochen.

-e	*-ons*
-es	*-ez*
-e	*-ent*

1. Was fällt dir auf, wenn Verben mit Vokal oder „stummem h“ beginnen?

j’ aime		**j’ h**abite	
o**n**‿**a**ime	[õ**n**ɛm]	o**n**‿**h**abite	[õ**n**abit]
nou**s**‿**a**imons / vou**s**‿**a**imez / il**s**‿**a**iment / elle**s**‿**a**iment	[...**z**...]	nou**s**‿**h**abitons / vou**s**‿**h**abitez / il**s**‿**h**abitent / elle**s**‿**h**abitent	[...**z**...]

Genau! ***je*** wird zu ***j’***.
Das ***-n*** bei ***on*** und das ***-s*** bei ***nous, vous, ils, elles*** werden in der Aussprache gebunden.

2. Und was fällt dir bei ***vous*** auf?

Madame Carbonne, Monsieur et Madame Carbonne, Valentin et Manon,	**vous habitez** à Paris?	Wohnen **Sie** in Paris? Wohnen **Sie** in Paris? Wohnt **ihr** in Paris?	(eine Person) (mehrere Personen) (mehrere Personen)

Vous benutzt du auch in der höflichen Anrede (= „Sie").
In der höflichen Anrede kannst du dich mit ***vous*** an eine oder mehrere Personen wenden.

G 13 je suis, tu es ... – *Das Verb* être

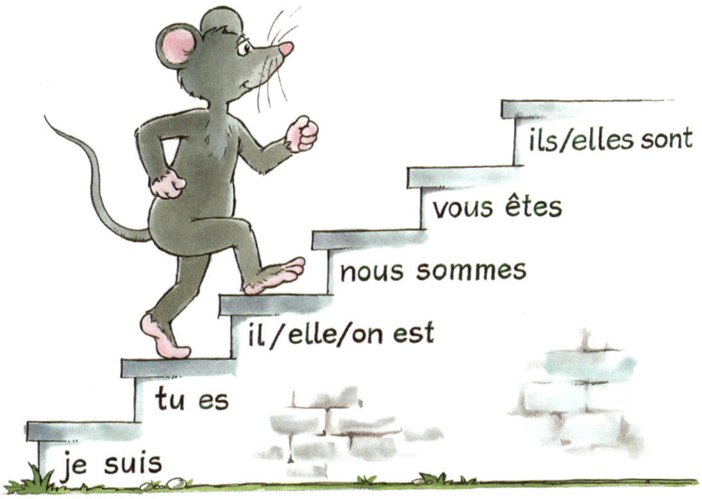

	être	**sein**
je	**suis**	ich bin
tu	**es**	du bist
il elle on	**est**	er ist sie ist man ist/ wir sind
nous	**sommes**	wir sind
vous	**êtes**	ihr seid/ Sie sind
ils elles	**sont**	sie sind

G 14 un, deux, trois ... – *Die Zahlen von 1 bis 10*

zéro	null		
un	eins	**six**	sechs
deux	zwei	**sept**	sieben
trois	drei	**huit**	acht
quatre	vier	**neuf**	neun
cinq	fünf	**dix**	zehn

die Zahlen von 1 bis 10 – les nombres de 1 à 10

Bei der Aussprache gibt es einige Besonderheiten:

die Zahl alleine			die Zahl als Begleiter vor Konsonant (Mitlaut)		vor Vokal (Selbstlaut) oder „stummem h“	
1	**un**	[ɛ̃]	un chat une souris	[ɛ̃ʃa] [ynsuʀi]	**un‿arbre** **une‿histoire**	[ɛ̃naʀbʀ] [ynistwaʀ]
2	**deux**	[dø]	deux chats	[døʃa]	deux‿**arbres**	[døzaʀbʀ]
3	**trois**	[tʀwa]	trois chats	[tʀwaʃa]	trois‿**histoires**	[tʀwazistwaʀ]
4	**quatre**	[katʀ]	quatre chats	[katʀʃa]	quatre‿**arbres**	[katʀaʀbʀ]
5	**cinq**	[sɛ̃k]	cinq chats	[sɛ̃(k)ʃa]	cinq‿**histoires**	[sɛ̃kistwaʀ]
6	**six**	[sis]	six chats	[siʃa]	six‿**arbres**	[sizaʀbʀ]
7	**sept**	[sɛt]	sept chats	[sɛtʃa]	sept‿**histoires**	[sɛtistwaʀ]
8	**huit**	[ɥit]	huit chats	[ɥiʃa]	huit‿**arbres**	[ɥitaʀbʀ]
9	**neuf**	[nœf]	neuf chats	[nœfʃa]	neuf‿**histoires**	[nœvistwaʀ]
10	**dix**	[dis]	dix chats	[diʃa]	dix‿**arbres**	[dizaʀbʀ]

R Wenn den Zahlwörtern ***six, huit*** und ***dix*** ein Nomen mit **Konsonant** folgt, wird der Endkonsonant dieser Zahlwörter nicht ausgesprochen.
Bei ***cinq*** ist in diesem Fall sowohl [sɛ̃k] als auch [sɛ̃] möglich.
Wenn dem Zahlwort ein Nomen mit **Vokal** oder **„stummem h“** folgt, wird das Zahlwort in der Aussprache gebunden.

Schau dir noch einmal an, wie Amandine und Théo würfeln.
Was fällt dir im Vergleich zum Deutschen auf?

Un cinq! **Eine** Fünf!

Deux **quatre**! Zwei **Vieren**!

Genau! Im Französischen sind die Zahlen männlich und sie haben keinen Plural.

C G 15 mon, ton, son ... – *Die Possessivbegleiter (I)*

mon	frère	**ma**	sœur
ton	frère	**ta**	sœur
son	frère	**sa**	sœur
mes	frères	**mes**	sœurs
tes	frères	**tes**	sœurs
ses	frères	**ses**	sœurs

Où est	**mon** copain?	Wo ist **mein** Freund?
Où est	**ma** copine?	Wo ist **meine** Freundin?
Où sont	**mes** copains?	Wo sind **meine** Freunde?
Où sont	**mes** copines?	Wo sind **meine** Freundinnen?
Voici	**ton** copain.	Da ist **dein** Freund.
Voici	**ta** copine.	Da ist **deine** Freundin.
Voici	**tes** copains.	Da sind **deine** Freunde.
Voici	**tes** copines.	Da sind **deine** Freundinnen.

R 1 ***Mon, ma , mes, ...*** sind Possessivbegleiter (besitzanzeigende Fürwörter).
Sie richten sich in Geschlecht und Zahl immer nach dem Nomen, vor dem sie stehen.
Im **Singular** musst du zwischen männlich und weiblich unterscheiden.
Im **Plural** gibt es für männlich und weiblich nur eine Form.
Das ist wie bei ***des*** (→ G 9) und ***les*** (→ G 10).

Christian cherche / Malika cherche	**son** copain.	**Christian** sucht **seinen** Freund, **seine** Freundin,
	sa copine.	**seine** Freunde, **seine** Freundinnen.
	ses copains.	**Malika** sucht **ihren** Freund, **ihre** Freundin,
	ses copines.	**ihre** Freunde, **ihre** Freundinnen.

R 2 Regel 1 gilt auch bei ***son, sa, ses.***
Das ist anders als im Deutschen.

die Possessivbegleiter – les adjectifs possessifs

Dass du vor Nomen, die mit Vokal oder „stummem h" beginnen, mit Besonderheiten rechnen musst, wird dich nicht mehr überraschen. Also, was fällt dir auf?

1. mes‿**a**ffiches [mezafiʃ] tes‿**i**dées [tezide] ses‿**hi**stoires [sezistwaʀ]

Das weißt du längst! Vor Vokal und „stummem h" wird das ***-s*** von ***mes, tes, ses*** in der Aussprache gebunden. Das ist wie bei ***des*** (→ G 9) und ***les*** (→ G 10).

2. Aber jetzt schau genau hin. Was passiert hier? Achte auf die Farben.

mon‿**i**dée **mon**‿**hi**stoire
ton‿**i**dée **ton**‿**hi**stoire
son‿**i**dée **son**‿**hi**stoire

Genau! Hier stehen die „männlichen" ***mon, ton, son*** vor weiblichen Nomen. So wird verhindert, dass zwei Vokale in der Aussprache aneinanderstoßen. Es gilt die Regel:

R Folgt dem Possessivbegleiter ein Nomen im Singular, das mit Vokal oder „stummem h" beginnt, so steht immer ***mon/ton/son***, auch wenn das Nomen weiblich ist.

Zusammenfassung

Nomen im Singular			Nomen im Plural
männlich	weiblich	weiblich (vor Vokal/"stummem h")	männlich und weiblich
mon / **ton** / **son** } chat	**ma** / **ta** / **sa** } voiture	**mon** / **ton** / **son** } affiche / **hi**stoire	**mes** / **tes** / **ses** } chats / voitures

Alles klar?

1. *Übersetze mit den entsprechenden **Artikeln**.*

a der Baum
b eine Adresse
c Adressen
d Bäume
e die Adresse
f ein Baum
g die Adressen
h die Bäume

2. *Setze die richtige Form von **être** und die richtigen **Personalpronomen** ein.*

a – Vous ~ de Paris?
– Oui, je ~ de Paris. / Oui, nous ~ de Paris.
b – Tu ~ de Berlin?
– Oui, ~ ~ de Berlin,
mais mon copain, ~ ~ de Paris.
c – Malika et Emma ~ de Paris?
– Oui, ~ ~ de Paris.
d – Victor et Amélie, ~ ~ de Berlin?
– Non, nous ~ aussi de Paris.

3. *Setze die richtigen **Verb-Endungen** ein.*

a Emma aim~ son quartier.
– Tu aim~ ton quartier, Emma?
– Oui, j'aim~ mon quartier.
b M. Carbonne habit~ à Paris.
– Vous habit~ à Paris, monsieur?
– Oui, j'habit~ à Paris.
c Emma et Manon rest~ dans l'appartement.
– Vous rest~ dans l'appartement?
– Oui, on rest~ dans l'appartement.
d M. et Mme Carbonne regard~ des annonces.
– Vous regard~ des annonces?
– Oui, nous regard~ des annonces.

4. *Übersetze und achte auf den richtigen **Possessivbegleiter**.*

a Magst du mein Stadtviertel?
b Ich mag seine Zeichnungen.
c Das ist seine Liste.
d Christian sucht sein Plakat.
e Deine Plakate sind toll.
f Emma betrachtet ihren Computer.

5. *Welche Aussage stimmt?*

a ***les*** ist ein unbestimmer Artikel.
b ***une*** ist ein Personalpronomen.
c ***ses*** ist ein Possessivbegleiter.
d ***elles*** ist ein bestimmter Artikel.

Verbessere die falschen Aussagen.

6. *Wie nennt man die Aussprache des letzten Buchstabens vor Wörtern, die mit Vokal oder „stummem h" beginnen?*

a Endung
b Bindung
c Zusammenfassung
d Konsonant

Die Lösungen zu den Aufgaben findest du auf Seite 59.

LEÇON 4

A G 16 du / des ... – *Die Präposition* de *und der bestimmte Artikel*

Aus G 2 und G 10 kennst du schon die Formen des bestimmten Artikels.

le / l'	la / l'
les	

NEU Was geschieht, wenn die Präposition (das Verhältniswort) ***de*** mit den bestimmten Artikeln ***le*** und ***les*** zusammentrifft?

Voici une photo	**du**	père d'Emma.	(**le** père)	Hier ist ein Foto von Emmas Vater.
Voilà une photo	**des**	copains d'Emma.	(**les** copains)	Da ist ein Foto von Emmas Freunden.

R Die Präposition ***de*** verschmilzt mit dem Artikel ***le*** zu ***du*** und mit dem Artikel ***les*** zu ***des***.

de* + *le* → *du
de* + *les* → *des

Was fällt dir auf?

Voici une photo **de la** maison.	Hier ist ein Foto vom Haus.
Voilà une photo **de l'** appartement.	Da ist ein Foto von der Wohnung.

Richtig! Mit den bestimmten Artikeln ***la*** und ***l'*** findet **keine** Verschmelzung statt.

de* + *la* = *de* + *la
de* + *l'* = *de* + *l'

die Präposition *de* und der bestimmte Artikel – la préposition *de* et l'article défini

G 17 je fais, tu fais ... – *Das Verb* faire

	faire	**machen**
je	**fais**	ich mache
tu	**fais**	du machst
il / elle / on	**fait**	er macht / sie macht / man macht/ wir machen
nous	**faisons** [fəzõ]	wir machen
vous	**faites**	ihr macht/ Sie machen
ils / elles	**font**	sie machen

Merksatz:
Vous **faites** une **fête**?

Mit ***faire*** gefolgt von der Präposition ***de*** kannst du Hobbys beschreiben.
Hier einige Beispiele, die in dieser Lektion vorkommen:

– Tu fais	**du**	sport?	Treibst du Sport?	(**le** sport)
– Oui, je fais	**du**	foot,	Ja, ich spiele Fußball,	(**le** foot)
	de la	danse et	ich tanze und	(la danse)
	de l'	escalade.	ich klettere.	(l'escalade)
– Tu fais	**de la**	musique?	Machst du Musik?	(la musique)
– Oui, je fais	**de la**	guitare et	Ja, ich spiele Gitarre und	(la guitare)
	du	piano.	Klavier.	(**le** piano)
– Tu fais aussi	**du**	dessin?	Zeichnest du auch?	(**le** dessin)

G 18 ne ... pas – *Die Verneinung (I)*

– Les Carbonne quittent le quartier?

– Non, ils **ne quittent pas** le quartier. — Nein, sie verlassen das Viertel **nicht**.

– Mme Leclerc aime la musique rock?

– Non, elle **n' aime pas** la musique rock. — Nein, sie mag Rockmusik **nicht**.

– Les Carbonne habitent à Montrouge?

– Non, ils **n' habitent pas** à Montrouge. — Nein, sie wohnen **nicht** in Montrouge.

R Im Französischen wird die Verneinung mit den **zwei Verneinungswörtern** ***ne*** und ***pas*** gebildet. Sie umklammern das Verb.
Vor Vokal oder „stummem h" wird ***ne*** zu ***n'*** verkürzt.

die Verneinung – la négation

B G 19 j'ai, tu as … – *Das Verb* avoir

	avoir	**haben**
j'	**ai**	ich habe
tu	**as**	du hast
il / elle / on	**a**	er hat / sie hat / man hat/ wir haben
nous‿	**avons**	wir haben
vous‿	**avez**	ihr habt/ Sie haben
ils‿	**ont**	sie haben
elles‿	**ont**	sie haben

1. Was fällt dir bei der Aussprache auf?

ils‿ont (avoir) → [il**z**õ] → sie **haben**

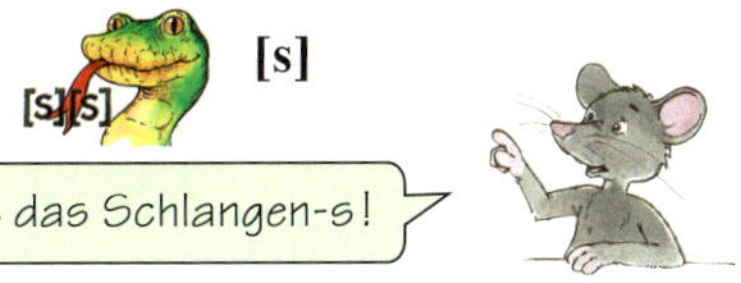

ils **s**ont (être) → [il**s**õ] → sie **sind**

> Man kann ausschließlich an der Aussprache des **-s-** hören, ob „sie **haben**“ oder „sie **sind**“ gemeint ist.
> Achte deshalb bei ***ils/elles ont*** und ***ils/elles sont*** gut auf die Aussprache.

2. Und was fällt dir bei der Altersangabe auf? Vergleiche mit dem Deutschen.

– Tu **as** quel âge? Wie alt **bist** du?

– J'**ai** onze ans. Ich **bin** 11 Jahre alt.

> Genau! Wenn du sagen willst, wie alt du **bist**, musst du ***avoir*** (haben) verwenden.

G 20 onze, douze, treize … – *Die Zahlen von 11 bis 30*

Kannst du noch die Zahlen von 1 bis 10? Wenn nicht, schau in G 14 nach.

NEU Nun lernst du die Zahlen von **11** bis **30** kennen.

11	**onze**	[õz]	21	**vingt et un**	[vɛ̃teɛ̃]
12	**douze**	[duz]	22	**vingt-deux**	[vɛ̃tdø]
13	**treize**	[tʀɛz]	23	**vingt-trois**	[vɛ̃ttʀwa]
14	**quatorze**	[katɔʀz]	24	**vingt-quatre**	[vɛ̃tkatʀ]
15	**quinze**	[kɛ̃z]	25	**vingt-cinq**	[vɛ̃tsɛ̃k]
16	**seize**	[sɛz]	26	**vingt-six**	[vɛ̃tsis]
17	**dix-sept**	[disɛt]	27	**vingt-sept**	[vɛ̃tsɛt]
18	**dix-huit**	[dizɥit]	28	**vingt-huit**	[vɛ̃tɥit]
19	**dix-neuf**	[diznœf]	29	**vingt-neuf**	[vɛ̃tnœf]
20	**vingt**	[vɛ̃]	30	**trente**	[tʀɑ̃t]

1. Was fällt dir bei der Aussprache der Zahl ***vingt*** auf?

Dans ma classe, il y a vingt‿**é**lèves. [vɛ̃**te**lɛv] — In meiner Klasse sind 20 Schüler.

Dans mon livre, il y a vingt‿**h**istoires. [vɛ̃**ti**stwaʀ] — In meinem Buch sind 20 Geschichten.

> Na klar! ***Vingt*** wird vor Vokal (und „stummem h“) in der Aussprache gebunden.

2. Und was fällt dir bei der Zahl ***vingt et un*** auf?

Dans mon école, il y a vingt‿et **un** professeur**s**. — In meiner Schule sind 21 Lehrer

et vingt‿et **une** salle**s** de classe. — und 21 Klassenzimmer.

> Genau! ***Un*** wird vor weiblichen Nomen zu ***une***.

Noch eines solltest du wissen: In Frankreich schreibt man ***vingt et un*** häufig auch mit Bindestrich, also ***vingt-et-un***. In der Schule zählt dies nicht mehr als Fehler.

die Zahlen von 11 bis 30 – les nombres de 11 à 30

G 21 Non. / Si. / Pas …

Hier zwei kleine Nachträge zur Verneinung (→ G 18):

– Thomas, tu ne grimpes pas avec des cordes? { **– Non.** Nein. / **– Si.** Doch.

1. Auf eine verneinte Frage kann man wie im Deutschen mit „nein“ ***(non, …)*** oder „doch“ ***(si, …)*** antworten.

– Thomas, tu grimpes avec moi? – **Pas** maintenant! Nicht jetzt!

2. In Sätzen ohne Verb fällt das ***ne*** weg.

Alles klar?

1. **Du / de l' / de la / des?** *Setze die richtigen Formen ein.*

   a Je fais ~ foot, ~ escalade et ~ danse.
   b Voici un dessin ~ arbres ~ square Trousseau.

2. *Die **Verneinung**. Übersetze.*

   a Ich spiele nicht mit dem Hund.
   b Wir wohnen nicht in Montrouge.
   c Die Jungen sind nicht vor dem Computer.
   d Sie mag ihr Zimmer nicht.

3. *Setze die richtigen Verbformen von* **faire** *und* **avoir** *ein.*

   a – Vous ~ du sport?
   – Oui, nous ~ du foot.
   b – J(e) ~ douze ans. Et Victor?
   – Il ~ onze ans.
   c Mes copains ~ treize ans.
   Ils ~ du roller.
   d – Vous ~ un appartement de trois pièces?
   – Non, nous ~ un appartement de quatre pièces.

4. *Wie nennt man das Wörtchen* **de** *in der Grammatik?*

   a Artikel
   b Präposition
   c Verb
   d Konsonant

Die Lösungen zu den Aufgaben findest du auf Seite 60.

LEÇON 5

A G 22 au / aux … – *Die Präposition* à *und der bestimmte Artikel*

Aus G 16 weißt du schon, dass ***de*** mit den bestimmten Artikeln ***le*** und ***les*** verschmilzt.

une photo **du** collège — une photo **des** copains et **des** copines

NEU Eine ähnliche Verschmelzung findet statt, wenn die Präposition ***à*** mit ***le*** und ***les*** zusammentrifft.

Christian est **au** lit.	(**le** lit)	Christian ist im Bett.
Victor est **aux** W.-C.	(**les** W.-C.)	Victor ist auf der Toilette.

R Die Präposition ***à*** verschmilzt mit dem Artikel ***le*** zu ***au*** und mit dem Artikel ***les*** zu ***aux***.

à + le → ***au***
à + les → ***aux***

Was fällt dir auf?

Emma est **à la** maison.	Emma ist zu Hause.
Valentin est **à l'** ordinateur.	Valentin ist am Computer.

Richtig! Mit den bestimmten Artikeln ***la*** und ***l'*** findet **keine** Verschmelzung statt. Das ist wie bei ***de*** (→ G 16).

à + la = ***à + la***
à + l' = ***à + l'***

die Präposition *à* und der bestimmte Artikel – la préposition *à* et l'article défini

Zusammenfassung

Die Präpositionen ***de*** und ***à*** mit dem **bestimmten Artikel** im Überblick:

de + le	Voici une photo	**du**	collège.
de + les	Voici une photo	**des**	copains.
de + la	Voici une photo	**de la**	maison.
de + l'	Voici une photo	**de l'**	ordinateur.

à + le	Christian est	**au**	collège.
à + les	Christian est	**aux**	W.-C.
à + la	Christian est	**à la**	maison.
à + l'	Christian est	**à l'**	ordinateur.

G 23 je vais, tu vas ... – *Das Verb* aller

	aller	**gehen/fahren**
je	**vais**	ich gehe
tu	**vas**	du gehst
il / elle / on	**va**	er geht / sie geht / man geht/wir gehen
nous‿	**allons**	wir gehen
vous‿	**allez**	ihr geht/Sie gehen
ils / elles	**vont**	sie gehen

Befehlsform:

Va au musée.	Geh ins Museum!
Allons chez Emma.	Gehen wir zu Emma!
Allez au restaurant.	Geht ...!/Gehen Sie ins Restaurant!

Achtung! Unregelmäßige Befehlsform (Imperativ)! Vergleiche G 26!
Lern vor allem bei unregelmäßigen Verben immer gleich den Imperativ mit.

Schau dir noch einmal die Präpositionen an. Was fällt dir auf?

Je vais	**à**	Paris.	Ich fahre nach Paris.	→ **Ort**
Je vais	**au**	restaurant.	Ich gehe ins Restaurant.	→ **Ort**
Je vais	**chez**	Victor.	Ich gehe zu Victor.	→ **Person**

Stimmt! Nach ***aller*** steht ***à***, wenn man an einen **Ort** geht, und ***chez***, wenn man zu einer **Person** geht.

B G 24 Est-ce que ...? – *Fragen stellen (III)*

In G 6 hast du Entscheidungsfragen kennen gelernt. Dies sind Fragen, die man mit „ja“ oder „nein“ beantwortet. Du hast auch gelernt, dass man diese Fragen ganz einfach bilden kann, indem man am Ende des Aussagesatzes die Stimme anhebt. Diese Art der Fragestellung kommt vor allem in der gesprochenen Sprache vor.

Aussagesatz

Tu cherches Théo **.** Du suchst Théo.

Fragesatz

Tu cherches Théo **?** Suchst du Théo? **Oui. / Non.**

NEU Nun lernst du eine zweite Möglichkeit kennen, Entscheidungsfragen zu bilden.

	Théo	est	là	**?**	– Oui. / Non.	Ist Théo da?
Est-ce que	Théo	est	là	**?**		Ist Théo da?
Est-ce qu'	**il**	est	là	**?**		Ist er da?

R Entscheidungsfragen kannst du auch bilden, indem du ***est-ce que*** an den Anfang setzt.
Vor Vokal wird das ***que*** von **est-ce que** zu ***qu'***.
Die Frage mit ***est-ce que*** kommt in der gesprochenen und in der geschriebenen Sprache vor.

Was fällt dir auf? Achte auf die Reihenfolge der Wörter im Französischen und im Deutschen.

Aussage:		Le voleur va au Louvre **.**		Der Dieb fährt zum Louvre.
Frage:		Le voleur va au Louvre **?**		Fährt der Dieb zum Louvre?
	Est-ce que	le voleur va au Louvre **?**		Fährt der Dieb zum Louvre?

Gut beobachtet! Die Reihenfolge der Wörter bleibt hier im Französischen gleich. Im Deutschen ändert sie sich.

G 25 Quand est-ce que ...? – *Fragen stellen (IV)*

Auch **Ergänzungsfragen** kannst du mit ***est-ce que*** bilden. Eine Ergänzungsfrage ist eine Frage mit Fragewort. Man kann sie nicht mit „ja" oder „nein" beantworten (→ G 7).

Quand	**est-ce que**	tu	arrives	à Paris?	**Wann** kommst du in Paris an?
Pourquoi	**est-ce qu'**	il	fait	ça?	**Warum** tut er das?
Où	**est-ce que**	vous	allez	aujourd'hui?	**Wohin** geht ihr heute?
Comment	**est-ce que**	Victor	attache	sa corde?	**Wie** befestigt Victor sein Seil?
Qu'	**est-ce qu'**	on	fait	aujourd'hui?	**Was** machen wir heute?

R Bei den **Ergänzungsfragen** mit ***est-ce que*** steht das **Fragewort vor *est-ce que***.
Danach bleibt die **Reihenfolge** der Wörter wie im **Aussagesatz**.
Die Frage mit ***est-ce que*** wird in der gesprochenen und geschriebenen Sprache verwendet (→ G 24).

Besonderheiten: Du hast jetzt die Ergänzungsfrage mit *est-ce que* kennen gelernt.
Einige Ergänzungsfragen sind dir aber auch schon in anderer Form begegnet. Hier ein Überblick:

Qui est-ce?	**Wer ist das?**
Qui est Christian?	**Wer ist** Christian?

Que fait Christian?	**Was macht** Christian?
Que font les élèves?	**Was machen** die Schüler?
Où est Paulette?	**Wo ist** Paulette?
Où sont les filles?	**Wo sind** die Mädchen?

Verwende ***Que fait/font ...?*** und ***Où est/sont ...?*** nur bei kurzen Fragen.

Elle est **où**, Emma?	**Wo** ist Emma?
Tu t'appelles **comment**?	**Wie** heißt du?
Tu arrives **quand**?	**Wann** kommst du an?
Tu habites **où**?	**Wo** wohnst du?

Hier steht das Fragewort hinter dem Verb. Verwende diese Fragen nur in der Umgangssprache.

G 26 Regarde. Jouons. Entrez. – *Der Imperativ*

Regarde.	Sieh mal / Guck mal!
Jouons au foot.	Spielen wir Fußball!
Entrez.	Kommt herein! Kommen **Sie** herein! *(höflich)*

R

Für eine Aufforderung oder einen Befehl gebraucht man den **Imperativ**, die Befehlsform des Verbs. Der Imperativ hat nie ein Personalpronomen bei sich.
Vergleiche:
Raconte. („Erzähl!" = Aufforderung) ↔ ***je*** *raconte* („**ich** erzähle" = Aussage).

Bilde den **Imperativ Singular** („Spiel!")
wie die **1. Person Singular**.

je joue → ***Joue.***

Bilde die **Imperative Plural**
(„Spielen wir!"; „Spielt!" / „Spielen Sie!")
wie die **1. und 2. Person Plural**.

nous jouons → ***Jouons.***
vous jouez → ***Jouez.***

Was fällt dir auf?

Infinitiv:	racont**er**	[Rakõt**e**]	erzählen
Imperativ:	Racont**ez.**	[Rakõt**e**]	Erzählt! / Erzählen Sie!

der Imperativ – l'impératif

G 27 notre, votre, leur, nos, vos, leurs – *Die Possessivbegleiter (II)*

notre	frère	**notre**	sœur
votre	frère	**votre**	sœur
leur	frère	**leur**	sœur
nos	frères	**nos**	sœurs
vos	frères	**vos**	sœurs
leurs	frères	**leurs**	sœurs

In G 15 hast du die Possessivbegleiter ***mon, ma, mes, ton, ta, tes, son, sa, ses*** kennen gelernt.

NEU Nun folgen die restlichen Possessivbegleiter.

Où est	**notre**	copain?	Wo ist **unser** Freund?
Où est	**notre**	copine?	Wo ist **unsere** Freundin?
Voici	**votre**	copain.	Da ist **euer** Freund.
Voici	**votre**	copine.	Da ist **eure** Freundin.
Ils/Elles cherchent	**leur**	copain.	Sie suchen **ihren** Freund.
Ils/Elles cherchent	**leur**	copine.	Sie suchen **ihre** Freundin.

Où sont	**nos**	copain**s**?	Wo sind **unsere** Freunde?
Où sont	**nos**	copine**s**?	Wo sind **unsere** Freundinnen?
Voici	**vos**	copain**s**.	Da sind **eure** Freunde.
Voici	**vos**	copine**s**.	Da sind **eure** Freundinnen.
Ils/Elles cherchent	**leurs**	copain**s**.	Sie suchen **ihre** Freunde.
Ils/Elles cherchent	**leurs**	copine**s**.	Sie suchen **ihre** Freundinnen.

R ***Notre, votre, leur*** stehen vor **Nomen im Singular**.
Nos, vos, leurs stehen vor **Nomen im Plural**.

Wie üblich Bindung nicht vergessen!
nos‿amis,
vos‿histoires,
leurs‿idées.

Votre und ***vos*** sind wie ***vous*** auch **Höflichkeitsform:**
Pardon, madame, **vous** cherchez ***votre*** chien et ***vos*** chats?
Entschuldigen Sie, suchen **Sie Ihren** Hund und **Ihre** Katzen?

Die Unterscheidung zwischen ***son (sa)/ses*** und ***leur/leurs*** ist manchmal etwas knifflig. Achte auf die Anzahl der „Besitzer“ und darauf, ob das folgende Nomen im Singular oder Plural steht. Finde die Regel.

son chien	**ses** chien**s**	**leur** chien	**leurs** chien**s**
↓	↓	↓	↓
ein „Besitzer“ Nomen im **Singular**	**ein** „Besitzer“ Nomen im **Plural**	**mehrere** „Besitzer“ Nomen im **Singular**	**mehrere** „Besitzer“ Nomen im **Plural**

Zusammenfassung der Possessivbegleiter

ein „Besitzer“			
Nomen im Singular			Nomen im Plural
männlich	weiblich	weiblich (vor Vokal/“stummem h“)	männlich und weiblich
mon **ton** **son** } chat	**ma** **ta** **sa** } voiture	**mon** **ton** **son** } affiche/**h**istoire	**mes** **tes** **ses** } chat**s**/voiture**s**
mehrere „Besitzer“			
Nomen im Singular			Nomen im Plural
notre **votre** **leur** } chat/voiture			**nos** **vos** **leurs** } chat**s**/voiture**s**

G 28 Il est sept heures ... – *Die Uhrzeit (umgangssprachlich)*

Il est	Es ist
... **une** heure.	... ein Uhr.
... **neuf** heures **et quart**.	... Viertel nach **neun**.
	... (Viertel **zehn**.)
... **neuf** heures **et** demie.	... halb **zehn**.
... **dix** heures **moins le** quart.	... Viertel vor **zehn**.
	... (Dreiviertel **zehn**.)

Il est **une**‿heure.

Es ist **ein** Uhr.

Il est **trois**‿heure**s**.

Es ist drei Uhr.

Il est **onze**‿heure**s**.

Es ist elf Uhr.

R 1 Die Uhrzeit wird im Französischen mit ***heure*** (= Stunde) angegeben.
Heure ist **weiblich**, deshalb heißt es *Il est **une** heure.*
Ab ***deux heures*** hat *heure* immer ein Plural-***s***.
Achte auf die Bindung vor ***heure***.

Il est **midi**.

Es ist **zwölf** Uhr (**mittags**).

Il est **minuit**.

Es ist **zwölf** Uhr (**nachts**).

R 2 Im Französischen sagt man für „12 Uhr" ***midi*** („Mittag") oder ***minuit*** („Mitternacht").

die Uhrzeit (umgangssprachlich) – l'heure (langage familier)

Il est cinq heures **et quart**.

Es ist **Viertel nach** fünf (Viertel sechs).

Il est six heures **moins le quart**.

Es ist **Viertel vor** sechs (Dreiviertel sechs).

R 3 Bei „Viertel nach" *(... et quart)* steht **kein** Artikel.
Bei „Viertel vor" *(... moins **le** quart)* muss der **bestimmte** Artikel stehen.

Achte auf das ***-e*** bei *... et demi**e***!
(heure = weiblich)

Il est **cinq** heures **et demie**. — Es ist halb **sechs**.

R 4 Abweichend vom Deutschen geht man im Französischen bei **der halben Stunde** von der **vorausgehenden** Stunde aus.

Zusammenfassung

deux heure**s**

... **moins le** quart

... **et** quart

... **et** demie

Alles klar?

1. **A** *und* **de** *und der bestimmte Artikel. Setze die richtigen Formen ein.*

a Voici une photo ~ Arche de la Défense.
b Christian fait un dessin ~ arbres ~ square Trousseau.
c Thomas est ~ gymnase ~ collège.
d Valentin est ~ maison.
e Adrien va ~ Buttes Chaumont.

2. *Die* ***Frage*** *mit* **est-ce que**. *Welche Fragen passen zu diesen Antworten?*

a Non, Thomas.
b Au Louvre.
c Il vole le porte-monnaie.
d Non, dans un bus.
e Parce qu'il cherche quelque chose.

?

Est-ce que le voleur monte dans un taxi?
Pourquoi est-ce qu'il discute avec un touriste?
Où est-ce qu'ils vont?
Est-ce qu'Emma appelle Adrien?
Qu'est-ce qu'il fait?

3. *Nenne die* ***Uhrzeit***. Il est ...

4. *Übersetze und achte dabei auf die richtige Form der* ***Imperative***.

a Geh zu Malika!
b Passt auf!
c Steigen wir in den Bus!
d Hören Sie zu!

5. *Antworte und verwende dabei die richtigen* ***Possessivbegleiter***.

a – C'est votre collège, Emma et Christian?
– Oui, c'est ~ collège.
b – Ce sont les professeurs de Malika et de Victor?
– Oui, ce sont ~ professeurs.
c – C'est le chat de Mme Salomon?
– Oui, c'est ~ chat.
d – Ce ne sont pas mes livres?
– Si, monsieur, ce sont ~ livres.

6. *Wie nennt man die Formen* **Regarde. / Racontons. / Allez.** *in der Grammatik?*

a Präpositionen
b Infinitive
c Imperative
d Vokale

7. *Welche Aussage stimmt? Verbessere die falschen Aussagen.*

a ***leur*** steht bei einem Besitzer vor Nomen im Singular.
b ***leurs*** steht bei mehreren Besitzern vor Nomen im Plural.
c ***à*** + ***le*** verschmelzen zu ***aux***.
d ***de*** + ***les*** verschmelzen zu ***au***.

Die Lösungen zu den Aufgaben findest du auf Seite 60.

LEÇON 6

A G29 aller faire qc – *Das* Futur composé

	aller	**+ Infinitiv**
je	**vais**	
tu	**vas**	
il/elle/on	**va**	**arriver**
nous	**allons**	
vous	**allez**	
ils/elles	**vont**	

Gegenwart

Aujourd'hui,	Paulette	**joue**		avec Théo.	**Heute spielt** Paulette mit Théo.

Zukunft

Demain,	elle	**va**	**jouer**	avec Paul.	**Morgen wird** sie mit Paul **spielen**.

R Im Französischen kannst du **zukünftige Handlungen** mit dem ***Futur composé*** ausdrücken.
Das ***Futur composé*** ist aus zwei Teilen zusammengesetzt:
aus einer Form von ***aller*** (→ G 23) und einem **Infinitiv**.

Was fällt dir auf? Achte auf die Stellung der Verneinungswörter.

Aujourd'hui,	Paulette	**ne**	**joue**	**pas**		avec Paul.	**Heute spielt** Paulette **nicht** mit Paul.
Demain,	elle	**ne**	**va**	**pas**	**regarder**	la télé.	**Morgen** wird sie **nicht** fernsehen.
	«Nous	**n'**	**allons**	**pas**	**jouer**	ensemble.»	„Wir werden **nicht** zusammen spielen."

Du siehst, dass die Verneinungswörter (→ G 18) die **veränderte Form** des Verbs umklammern, **nicht den Infinitiv**. Die Form des Verbs ist verändert, weil sie an die Person angepasst wurde (z. B. ich spiele, du spielst, ihr spielt).
Diese Anpassung nennt man in der Grammatik **„Konjugation"**. Deshalb sagt man auch: Die Verneinungswörter umklammern die **„konjugierte"** Form des Verbs.

das *Futur composé* – le futur composé

G 30 ne … plus, ne … jamais, ne … rien – *Die Verneinung (II)*

ne … plus	nicht mehr
ne … jamais	nie(mals)
ne … rien	nichts

Aus G 18 kennst du die Verneinung mit ***ne … pas***.

Aujourd'hui, Adrien **ne** travaille **pas.** — Heute arbeitet Adrien **nicht**.

NEU Es gibt noch andere Verneinungen:

Mme Salomon	**ne**	joue	**plus**	souvent.	Mme Salomon spielt **nicht mehr** häufig.
Filou	**n'**	écoute	**jamais.**		Filou hört **nie(mals)** zu.
Ça	**ne**	fait	**rien.**		Das macht **nichts**.

R Auch die Verneinungswörter ***ne … plus, ne … jamais, ne … rien*** umklammern die konjugierte Form des Verbs.
Vor Vokal oder „stummem h" wird ***ne*** wie üblich zu ***n'*** verkürzt.

Was fällt dir auf? Was fehlt bei diesen Verneinungen?

In der Umgangssprache lassen die Franzosen bei der Verneinung das ***ne*** häufig weg.

G31 j'ouvre, tu ouvres … – *Das Verb* ouvrir

	ouvrir	öffnen
j'	**ouvre**	ich öffne
tu	**ouvres**	du öffnest
il / elle / on	**ouvre**	er öffnet / sie öffnet / man öffnet/ wir öffnen
nous_	**ouvrons**	wir öffnen
vous_	**ouvrez**	ihr öffnet/ Sie öffnen
ils_	**ouvrent**	sie öffnen
elles_	**ouvrent**	sie öffnen

Imperativ: **Ouvre.** Öffne!
Ouvrons. Öffnen wir!
Ouvrez. Öffnet!/Öffnen Sie!

G32 Paulette raconte une histoire aux enfants. – *Das direkte und das indirekte Objekt*

Kennst du die Begriffe **„Subjekt“** und **„Objekt“** aus dem Deutschunterricht? Erinnere dich!

Subjekt → Paulette; **Dativobjekt** → den Kindern; **Akkusativobjekt** → eine Geschichte

Paulette erzählt den Kindern eine Geschichte.

1. Auf die Frage **„Wer? oder Was?“** antwortet das **Subjekt** (Satzgegenstand):
Paulette erzählt den Kindern eine Geschichte. → **Wer** erzählt eine Geschichte? **Paulette.**

2. Auf die Frage **„Wem?“** antwortet das **Dativobjekt** (Ergänzung im 3. Fall):
Paulette erzählt den Kindern eine Geschichte. → **Wem** erzählt Paulette eine Geschichte? **Den Kindern.**

3. Auf die Frage **„Wen? oder Was?“** antwortet das **Akkusativobjekt** (Ergänzung im 4. Fall):
Paulette erzählt den Kindern eine Geschichte. → **Was** erzählt Paulette? **Eine Geschichte.**

das direkte und das indirekte Objekt – l'objet direct et indirect

NEU Im Französischen ist es leichter als im Deutschen, die verschiedenen Objekte zu erkennen.

Emma	**cherche**	**Adrien.**			Emma sucht Adrien.
Adrien	**regarde**	**un livre.**			Adrien betrachtet ein Buch.
Victor	**parle**		**à**	**sa mère.**	Victor spricht mit seiner Mutter.
Emma	**raconte**	**une histoire**	**au**	**prof.**	Emma erzählt dem Lehrer eine Geschichte.
Adrien	**donne**	**le livre**	**aux**	**filles.**	Adrien gibt den Mädchen das Buch.
		direktes Objekt	indirektes Objekt		

Der Bau des Satzes ist perfekt,
wenn **„direkt“** steht **vor „indirekt“**!

R Im Französischen wird nicht nach Akkusativ- und Dativobjekt unterschieden, sondern nach **direktem** und **indirektem** Objekt.
Das **direkte** Objekt folgt „direkt“, d. h. **ohne Präposition** nach dem Verb.
Steht vor dem Objekt die **Präposition *à***, handelt es sich um ein **indirektes** Objekt.
Das **direkte Objekt** steht **vor** dem **indirekten** Objekt.

Bei ***à*** + ***le/les*** an die **Verschmelzung** denken! (→ G 22)

Mme Salomon parle **au** réalisateur. (**le** réalisateur)
Emma parle **aux** copains. (**les** copains)

1. Schau dir an, wie im Vokabular die Verben aufgeführt sind.
Was kannst du daran sehen?

parler à qn	mit jdm./zu jdm. sprechen
téléphoner à qn	mit jdm. telefonieren/jdn. anrufen
aider qn	jdm. helfen/jdn. unterstützen
manger qc	etw. essen
donner qc à qn	jdm. etw. geben

Du kannst an dem ***à*** erkennen,
wenn das Verb ein **indirektes** Objekt hat.

2. Nun schau dir die Stellung der Satzglieder an. Vergleiche mit dem Deutschen.

Aujourd'hui,	Paulette	raconte	une histoire	aux enfants.
Heute	erzählt	Paulette	den Kindern	eine Geschichte.

B G 33 je mange, nous mangeons … – *Das Verb* manger

	manger	essen
je	**mange**	ich esse
tu	**manges**	du isst
il / elle / on	**mange**	er isst / sie isst / man isst/ wir essen
nous	**mangeons**	wir essen
vous	**mangez**	ihr esst/ Sie essen
ils / elles	**mangent**	sie essen

Manger (und auch ***bouger***) gehören zu den Verben auf ***-er*** (→ G 12).
Was fällt dir bei der *nous*-Form auf, wenn du sie mit einem anderen Verb auf ***-er*** vergleichst?

chercher:	nous	cherch	ons	[nuʃɛʀʃõ]
manger:	nous	mang **e**	ons	[numɑ̃**ʒ**õ]
bouger:	nous	boug **e**	ons	[nubu**ʒ**õ]

Du hast es sicher sofort gemerkt! Vor dem ***-ons*** steht ein ***-e-***.
Dieses ***-e-*** bewirkt, dass die Aussprache [**ʒ**] erhalten bleibt.
(Ohne ***-e-*** würde man ***nous*** [mɑ̃**g**õ] sagen.)

Merksatz:
Georges a un chat dans la **gor**ge.

G 34 trente et un, trente-deux ... – *Die Zahlen von 31 bis 69*

Aus G 14 und G 20 kennst du bereits die Zahlen von 1 bis 30.

NEU Jetzt lernst du die Zahlen von **31** bis **69** kennen.

31	**trente et un**	[tʀɑ̃teɛ̃]	**40**	**quarante**	[kaʀɑ̃t]
32	**trente-deux**	[tʀɑ̃tdø]	**41**	**quarante et un**	[kaʀɑ̃teɛ̃]
33	**trente-trois**	[tʀɑ̃ttʀwa]	**42**	**quarante-deux**	[kaʀɑ̃tdø]
34	**trente-quatre**	[tʀɑ̃tkatʀ]	**50**	**cinquante**	[sɛ̃kɑ̃t]
35	**trente-cinq**	[tʀɑ̃tsɛ̃k]	**51**	**cinquante et un**	[sɛ̃kɑ̃teɛ̃]
36	**trente-six**	[tʀɑ̃tsis]	**52**	**cinquante-deux**	[sɛ̃kɑ̃tdø]
37	**trente-sept**	[tʀɑ̃tsɛt]	**60**	**soixante**	[swasɑ̃t]
38	**trente-huit**	[tʀɑ̃tɥit]	**61**	**soixante et un**	[swasɑ̃teɛ̃]
39	**trente-neuf**	[tʀɑ̃tnœf]	**69**	**soixante-neuf**	[swasɑ̃tnœf]

R Wie bei 21 wird auch bei 31, 41, 51, 61 die **1** mit ***et*** angeschlossen.*
Und vor weiblichen Nomen wird aus dem ***un*** ein ***une***: *trente et **une** souris*.

* Es gilt wiederum (→ G 20), dass in Frankreich das ***et*** häufig mit Bindestrich geschrieben wird: ***vingt-et-un, trente-et-un, quarante-et-un, cinquante-et-un, soixante-et-un.***

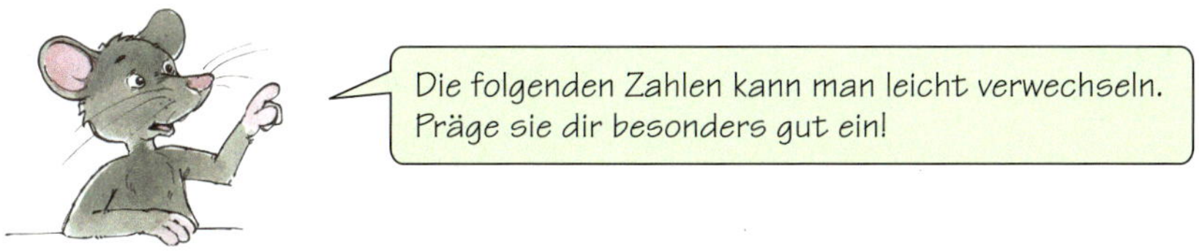

3 = trois	[tʀwa]	**4 = quatre**	[katʀ]	**5 = cinq**	[sɛ̃k]	**6 = six**	[sis]
13 = treize	[tʀɛz]	**14 = quatorze**	[katɔʀz]	**15 = quinze**	[kɛ̃z]	**16 = seize**	[sɛz]
30 = trente	[tʀɑ̃t]	**40 = quarante**	[kaʀɑ̃t]	**50 = cinquante**	[sɛ̃kɑ̃t]	**60 = soixante**	[swasɑ̃t]

G 35 je veux, je peux, je sais … – *Die Verben* vouloir, pouvoir *und* savoir

	vouloir	**wollen**
je	**veux**	ich will
tu	**veux**	du willst
il / elle / on	**veut**	er will / sie will / man will/wir wollen
nous	**voulons**	wir wollen
vous	**voulez**	ihr wollt/Sie wollen
ils / elles	**veulent**	sie wollen

	pouvoir	**können**
je	**peux**	ich kann
tu	**peux**	du kannst
il / elle / on	**peut**	er kann / sie kann / man kann/wir können
nous	**pouvons**	wir können
vous	**pouvez**	ihr könnt/Sie können
ils / elles	**peuvent**	sie können

	savoir	**wissen / können**
je	**sais**	ich weiß
tu	**sais**	du weißt
il / elle / on	**sait**	er weiß / sie weiß / man weiß/wir wissen
nous	**savons**	wir wissen
vous	**savez**	ihr wisst/Sie wissen
ils / elles	**savent**	sie wissen

1. Was fällt dir bei der Verneinung und beim Infinitiv auf?

Thomas	**veut**	**aider**	son père.
Thomas	**will**	seinem Vater	**helfen**.
Thomas	**ne peut pas**	**aider**	son père.
Thomas	**kann**	seinem Vater	**nicht helfen**.

> Auf ***vouloir***, ***pouvoir*** und ***savoir*** kann ein Infinitiv folgen.
> Die Verneinungswörter umklammern wie beim *Futur composé* (→ G 29)
> nur die konjugierten Formen von ***vouloir***, ***pouvoir*** und ***savoir***.

2. ***Savoir*** und ***pouvoir*** können beide mit „können" übersetzt werden.
Finde die unterschiedliche Bedeutung heraus.

Paul ne **sait** pas travailler avec l'ordinateur.
Paul ne **peut** pas travailler avec l'ordinateur.
} Paul **kann** nicht mit dem Computer arbeiten.

> Das ist leicht zu sehen. Im ersten Fall weiß Paul nicht, wie es geht.
> Im zweiten Fall kann er nicht, weil die Tastatur kaputt ist.
> ***Savoir*** hat also auch die Bedeutung „wissen, wie es geht".

3. Und was fällt dir hier bei der Aussprache auf?

nous‿**a**vons	[nu**z**avõ]	wir haben		vous‿**a**vez	[vu**z**ave]	ihr habt/Sie haben
nous **s**avons	[nu**s**avõ]	wir wissen		vous **s**avez	[vu**s**ave]	ihr wisst/Sie wissen

Man kann ausschließlich an der Aussprache des ***-s-*** hören, ob es um „haben" oder „wissen" geht.	avoir: Bienen-s savoir: Schlangen-s

Alles klar?

1. *Forme die folgenden Sätze ins* ***Futur composé*** *um.*

   a Christian parle au professeur.
   b Tu vas au cinéma?
   c Nous ne regardons pas la télé.
   d Ils font de l'escalade.

2. *Bilde Sätze. Das erste Wort steht immer richtig.*
   Achte vor allem auf die richtige ***Stellung*** *des* ***direkten*** *und* ***indirekten*** *Objekts.*

   a Malika / à / Emma / donne / un CD.
   b Victor / raconte / aux / enfants / une histoire.
   c Aujourd'hui, / aide / Emma / sa mère.
   d Demain, / va / Mme Salomon / faire / une publicité.

3. *Vervollständige die Sätze mit den angegebenen* ***Verneinungen*** *und achte auf die richtige* ***Konjugation*** *der Verben.*

   a Non, je ~ *(ouvrir)* la porte. (nicht)
   b Nous ~ *(regarder)* la télé. (nie)
   c Ma mère ~ *(pouvoir)* travailler. (nicht mehr)
   d Nous ~ *(manger)*. (nichts)
   e Ils ~ *(vouloir)* travailler. (nie)
   f Vous ~ *(savoir)*? (nichts)

4. *Lies diese Telefonnummern.*

   a Tél. 01 64 45 17 51
   b Tél. 01 04 14 40 44
   c Tél. 01 55 50 15 05
   d Tél. 01 43 22 66 42

5. *Welche Aussage stimmt? Verbessere die falschen Aussagen.*

   a Im *Futur composé* umklammern die Verneinungswörter den Infinitiv.
   b In französischen Sätzen steht das direkte Objekt vor dem indirekten Objekt.
   c Bei der Zahl 32 wird die 2 im Französischen mit ***et*** angeschlossen: ***trente et deux***.
   d Auf ***vouloir***, ***pouvoir*** und ***savoir*** kann kein Infinitiv folgen.

6. *Wie nennt man in der Grammatik das unterstrichene Satzglied in den folgenden Sätzen?*

   a Mme Salomon pose une question **au réalisateur**.
   b **Filou** ne veut pas bouger.
   c Amandine aime **les croquettes**.

Die Lösungen zu den Aufgaben findest du auf Seite 61.

LEÇON 7

A **G 36** **Théo est un chien sportif.** – *Das Adjektiv (I): die Stellung*

Théo	est	**grand,**	**sportif**	et	**joli.**
Théo	ist	groß,	sportlich	und	hübsch.

Mit **Adjektiven** (Eigenschaftswörtern) kannst du im Französischen wie im Deutschen **Eigenschaften** von Menschen, Tieren oder Sachen genauer beschreiben.

Théo est un	**chien**	**sportif.**
Théo ist ein	sportlicher	Hund.

R 1 Steht das Adjektiv mit einem Nomen zusammen, so stehen im Französischen die **meisten** Adjektive **nach dem Nomen**. Das ist anders als im Deutschen.

Théo est un	**grand**	**chien.**
Théo ist ein	großer	Hund.

R 2 Nur **wenige** Adjektive stehen **vor dem Nomen**. Es handelt sich aber um **sehr häufig benutzte** Adjektive.

Zu den Adjektiven, die **vor** dem Nomen stehen, gehören:

petit	klein	**bon**	gut	**mauvais**	schlecht
grand	groß	**joli**	hübsch		

 die Stellung des Adjektivs – la place de l'adjectif

G 37 un pantalon vert / des pantalons verts / ... – *Das Adjektiv (II): die Angleichung*

Paul porte	**un** pantalon	vert	[vɛʀ]	männlich, Singular	Paul trägt eine grüne Hose
et	**une chemise**	vert**e**.	[vɛʀ**t**]	weiblich, Singular	und ein grünes Hemd.
	Son pantalon est	joli.	[ʒɔli]	männlich, Singular	Seine Hose ist hübsch.
	Sa chemise est	joli**e**.	[ʒɔli]	weiblich, Singular	Sein Hemd ist hübsch.

R 1 Adjektive richten sich nach dem **Geschlecht des Nomens**, zu dem sie gehören.
Die weibliche Form der Adjektive wird durch das **Anhängen eines *-e*** gebildet.
Die weibliche Form ist nicht bei allen Adjektiven hörbar.

die Angleichung des Adjektivs – l'accord de l'adjectif

Paul porte	**un** pantalon	vert.	[vɛʀ]	männlich, Singular	Paul trägt eine grüne Hose.
	Ses pantalon**s** sont	vert**s**.	[vɛʀ]	männlich, Plural	Seine Hosen sind grün.
Paul porte	**une** chemise	vert**e**.	[vɛʀt]	weiblich, Singular	Paul trägt ein grünes Hemd.
	Ses chemise**s** sont	vert**es**.	[vɛʀt]	weiblich, Plural	Seine Hemden sind grün.

R 2 Steht das **Nomen im Plural**, dann steht auch das **Adjektiv im Plural**.
An die Singularform des Adjektivs wird ein ***-s*** angehängt.
Das ***-s*** wird nicht gesprochen. Das ist wie beim Plural-s des Nomens (→ G 8).

Was fällt dir auf? Achte auf das Geschlecht der Nomen und des Adjektivs.

Les pantalons et **les chemises** de Paul sont **verts**. ♂♂ + ♀♀ = ♂♂

Das kennst du schon vom Personalpronomen ***ils*** (→ G 11).
Bei gemischten Gruppen (männlich und weiblich) steht im Plural die männliche Form.

Damit hast du die Grundregeln zur Angleichung der Adjektive kennen gelernt.
Einige Adjektive weisen Besonderheiten auf. Die stehen im Vokabular deines Buches. So kannst du die Besonderheiten immer gleich mitlernen.
Außerdem findest du in dieser Grammatik alle Adjektive von Découvertes 1 auf Seite 65.

G 38 j'écris, je lis ... – *Die Verben* écrire *und* lire

	écrire	**schreiben**
j'	**écris**	ich schreibe
tu	**écris**	du schreibst
il / elle / on	**écrit**	er schreibt / sie schreibt / man schreibt/ wir schreiben
nous‿	**écrivons**	wir schreiben
vous‿	**écrivez**	ihr schreibt/ Sie schreiben
ils‿	**écrivent**	sie schreiben
elles‿	**écrivent**	sie schreiben

Imperativ:

Ecris un SMS. Schreib eine SMS!
Ecrivons une carte. Schreiben wir eine Karte!
Ecrivez une histoire. Schreibt!/Schreiben Sie eine Geschichte!

	lire	**lesen**
je	**lis**	ich lese
tu	**lis**	du liest
il / elle / on	**lit**	er liest / sie liest / man liest/ wir lesen
nous	**lisons**	wir lesen
vous	**lisez**	ihr lest/ Sie lesen
ils / elles	**lisent**	sie lesen

Imperativ:

Lis le SMS. Lies die SMS!
Lisons la carte. Lesen wir die Karte!
Lisez l'histoire. Lest!/Lesen Sie die Geschichte!

G 39 je prends, tu prends ... – *Das Verb* prendre

	prendre	**nehmen**
je	**prends**	ich nehme
tu	**prends**	du nimmst
il / elle / on	**prend**	er nimmt / sie nimmt / man nimmt/wir nehmen
nous	**prenons**	wir nehmen
vous	**prenez**	ihr nehmt/Sie nehmen
ils / elles	**prennent**	sie nehmen

Imperativ:

Prends le cadeau.	Nimm das Geschenk!
Prenons le train.	Nehmen wir den Zug!
Prenez les photos.	Nehmt!/Nehmen Sie die Fotos!

B

G 40 beaucoup de/d' ... – *Angaben über Mengen machen*

A l'anniversaire de grand-mère, il y a ...

	beaucoup	**d'**	enfants,	... **viele**	–	Kinder
	trop	**de**	gâteau,	... **zu viel**	–	Kuchen
	peu	**de**	musique.	... **wenig**	–	Musik
Mamie mange	**un peu**	**de**	chocolat.	... **ein wenig**	–	Schokolade
Le chat mange deux	**paquets**	**de**	croquettes.	... zwei **Pakete**	–	Kroketten

Mengenangabe + *de / d'* + Nomen

R Zwischen Mengenangabe und folgendem Nomen steht ein ***de***, auch wenn das folgende Nomen im Plural steht.
Vor Vokal und „stummem h" wird ***de*** zu ***d'*** verkürzt.

G41 ne … pas de, ne … plus de – *Die Verneinung (III)*

– Est-ce que ta grand-mère a			**des**	**chiens**?		Hat deine Oma Hunde?
Est-ce qu'elle a			**un**	**chat**?		Hat sie eine Katze?
– Ma grand-mère	**n'**	a	**pas**	**de**	**chiens**.	Meine Oma hat **keine** Hunde.
Elle	**n'**	a	**pas**	**de**	**chat**	Sie hat **keine** Katze
et elle	**n'**	a	**plus**	**d'**	**oiseau**.	und sie hat **keinen** Vogel mehr.

R Nach ***ne … pas de*** und ***ne … plus de*** in der Bedeutung „kein/keine (mehr)" steht vor folgenden Nomen kein Artikel, sondern nur ***de***.
Vor Vokal und „stummem h" wird ***de*** zu ***d'*** verkürzt.
Ne … pas de / ***ne … plus de*** verhalten sich also wie Mengenangaben (→ G 40).

1. Was fällt dir auf? Achte auf das **verneinte *être***.

– C'	**est**		**une**	robe verte?	Ist das ein grünes Kleid?
– Non, ce **n'**	**est**	**pas**	**une**	robe verte,	Nein, das ist kein grünes Kleid,
c'	**est**		**une**	robe marron.	es ist ein braunes Kleid.

Gut gesehen! Nach **verneintem *être*** steht derselbe Begleiter wie im bejahten Satz.

2. Und was fällt dir bei **verneintem *aimer*** auf?

– Tu	**aimes**		**les**	chiens?	Magst du Hunde?
– Non, je **n'**	**aime**	**pas**	**les**	chiens.	Nein, ich mag Hunde nicht.

Das weißt du schon: Nach ***aimer*** steht der bestimmte Artikel (→ G 10).
Das gilt auch für die Verneinung.

G 42 Il est une heure cinq … – *Die Uhrzeit (umgangssprachlich und offiziell)*

Aus G 28 weißt du schon, wie man die vollen Stunden, die halben Stunden und die Viertelstunden angibt.

Il est trois heures.

Il est cinq heures **et** quart.

Il est cinq heures **et** demie.

Il est six heures **moins le** quart.

NEU Nun erfährst du Weiteres zur Angabe der Uhrzeiten.
Du musst zwischen umgangssprachlicher und offizieller Zeitangabe unterscheiden.

1. Umgangssprachliche Zeitangaben

	Il est	Es ist
01:05	**une** heure **cinq**	5 nach 1
04:25	**quatre** heures **vingt-cinq**	5 vor halb 5
20:35	**neuf** heures moins **vingt-cinq**	5 nach halb 9
11:55	**midi** moins **cinq**	5 vor 12
23:55	**minuit** moins **cinq**	5 vor 12

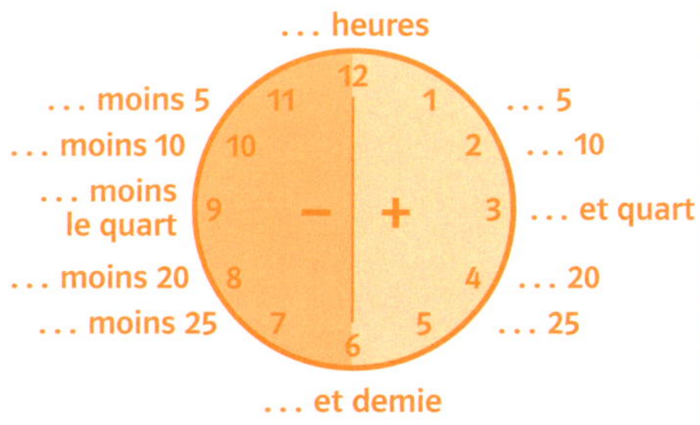

R 1 Anders als im Deutschen kommt in der Umgangssprache die Stundenangabe vor den Minuten. Die Minuten werden bis halb zur vorhergehenden Stunde hinzugezählt (ohne *et*). Nach halb werden die Minuten von der nächsten vollen Stunde abgezogen.

die Uhrzeit (umgangssprachlich und offiziell) – l'heure (langage familier et officiel)

2. Offizielle Zeitangaben

	Il est	Es ist		Il est	Es ist
13:05	treize heures cinq (13h05)	13 Uhr 5	21:35	vingt et une heures trente-cinq (21h35)	21 Uhr 35
15:15	quinze heures quinze (15h15)	15 Uhr 15	12:55	douze heures cinquante-cinq (12h55)	12 Uhr 55
17:25	dix-sept heures vingt-cinq (17h25)	17 Uhr 25	22:45	vingt-deux heures quarante-cinq (22h45)	22 Uhr 45
19:30	dix-neuf heures trente (19h30)	19 Uhr 30	00:55	zéro heure cinquante-cinq (0h55)	0 Uhr 55

R2 Die Angabe der offiziellen Uhrzeit geschieht wie im Deutschen.
Heure wird ***h*** abgekürzt.

Was fällt dir auf?

Il est **une** heure.	1 Uhr
Il est vingt et **une** heures.	21 Uhr
Il est deux heures **une**.	2 Uhr und eine Minute
Il est deux heures vingt et **une**.	2 Uhr und 21 Minuten

Gut beobachtet! ***Heure*** und ***minute*** sind weiblich. Deshalb heißt es ***une***.

Alles klar?

1. *Notiere aus dem Kopf fünf* ***Adjektive****, die vor und fünf, die nach dem Nomen stehen.*

2. *Schreibe die* ***angeglichenen Adjektive*** *mit dem Nomen in dein Heft.*
   - a une histoire *(intéressant)*
   - b des *(joli)* maisons
   - c une robe *(blanc)*
   - d des chats *(gris)*

3. *Bilde Sätze mit den* ***Mengenangaben*** *und finde die richtigen* ***Verbformen****.*
   - a *lire* / de / Nous / livres / beaucoup.
   - b d' / Vous / peu / *écrire* / histoires.
   - c pas / gâteau / *prendre* / de / Elles / ne.
   - d croquettes / *prendre* / de / paquet / Nous / un.

Die Lösungen zu den Aufgaben findest du auf Seite 61.

L2

1. **l'**entrée, **le** bloc, **la** gomme, **l'**arbre, **le** magasin, **la** rue, **l'**affiche — G 2
une entrée, **un** bloc, **une** gomme, **un** arbre, **un** magasin, **une** rue, **une** affiche — G 1

2. **a** – Tu dessin**es** un arbre? – Oui, **je** dessin**e** un arbre. **b** – **On** cherch**e** Paulette ensemble? – D'accord. **c** – Que fait Emma? – **Elle** ramass**e** une bouteille. **d** – Et Christian? – **Il** ramass**e** un papier. — G 4, 5

3. **a** Il dessine un arbre. Que fait Christian? **b** Elle est sous le banc. Elle est où, Paulette? **c** C'est une affiche. Qu'est-ce que c'est? **d** C'est madame Bertaud. Qui est-ce? **e** D'accord. On cherche Emma ensemble? — G 6, 7

4. ***Un/une/le/la*** nennt man in der Grammatik **Artikel.** — G 1, 2

5. Die Aussage **d** stimmt: „***j'*** steht vor einem Verb mit Vokal am Anfang“. — G 5

   Verbesserung der falschen Aussagen:
   a ***le*** steht vor **männlichen** Nomen. — G 2
   b ***elle*** vertritt ein **weibliches** Nomen. — G 4
   c ***une*** steht vor **weiblichen** Nomen. — G 1

L3

1. **a** **l'**arbre; **b** **une** adresse; **c** **des** adresses; **d** **des** arbres; **e** **l'**adresse; **f** **un** arbre; **g** **les** adresses; **h** **les** arbres — G 1, 2, 9, 10

2. **a** – Vous **êtes** de Paris? – Oui, je **suis** de Paris. / Oui, nous **sommes** de Paris. **b** – Tu **es** de Berlin? – Oui, **je suis** de Berlin, mais mon copain, **il est** de Paris. **c** Malika et Emma **sont** de Paris? – Oui, **elles sont** de Paris. **d** – Victor et Amélie, **vous êtes** de Berlin? – Non, nous **sommes** aussi de Paris. — G 13

3. **a** Emma aim**e** son quartier. – Tu aim**es** ton quartier, Emma? – Oui j'aim**e** mon quartier. **b** M. Carbonne habit**e** à Paris. – Vous habit**ez** à Paris, monsieur? – Oui, j'habit**e** à Paris. **c** Emma et Manon rest**ent** dans l'appartement. – Vous rest**ez** dans l'appartement? – Oui, on rest**e** dans l'appartement. **d** M. et Mme Carbonne regard**ent** des annonces. – Vous regard**ez** des annonces? – Oui, nous regard**ons** des annonces. — G 12

4. **a** Tu aimes **mon** quartier? **b** J'aime **ses** dessins. **c** C'est **sa** liste. **d** Christian cherche **son** affiche. **e** **Tes** affiches sont super. **f** Emma regarde **son** ordinateur. — G 15

5. Die Aussage **c** stimmt: „***ses*** ist ein Possessivbegleiter". G 15

Verbesserung der falschen Aussagen:
a ***les*** ist ein **bestimmter** Artikel. **b** ***une*** ist ein **unbestimmter Artikel**. **c** ***elles*** ist ein **Personalpronomen**. G 10, G 1 / G 11

6. Die Aussprache des letzten Buchstabens vor Wörtern, die mit Vokal oder „stummem h" beginnen, nennt man **Bindung**. G 9

L 4

1. **a** Je fais **du** foot, **de l'**escalade et **de la** danse. G 16
b Voici un dessin **des** arbres **du** square Trousseau.

2. **a** Je **ne** joue **pas** avec le chien. **b** Nous **n'**habitons **pas** à Montrouge. G 18
c Les garçons **ne** sont **pas** devant l'ordinateur. **d** Elle **n'**aime pas **sa** chambre.

3. **a** – Vous **faites** du sport? – Oui, nous **faisons** du foot. **b** – J'**ai** douze ans. Et Victor? – Il **a** onze ans. **c** Mes copains **ont** treize ans. Ils **font** du roller. **d** – Vous **avez** un appartement de trois pièces? – Non, nous **avons** un appartement de quatre pièces. G 17, 19

4. Das Wörtchen ***de*** nennt man in der Grammatik **Präposition**. G 16

L 5

1. **a** Voici une photo **de l'**Arche de la Défense. **b** Christian fait un dessin **des** arbres **du** square Trousseau. **c** Thomas est **au** gymnase **du** collège. **d** Valentin est **à la** maison. **e** Adrien va **aux** Buttes Chaumont. G 16, 22

2. **a** – Est-ce qu'Emma appelle Adrien? – Non, Thomas. G 24, 25
b – Où est-ce qu'ils vont? – Au Louvre. **c** – Qu'est-ce qu'il fait?
– Il vole le porte-monnaie. **d** – Est-ce que le voleur monte dans un taxi?
– Non, dans un bus. **e** – Pourquoi est-ce qu'il discute avec un touriste?
– Parce qu'il cherche quelque chose.

3. Il est **six heures et quart**. Il est **huit heures et demie**. Il est **six heures moins le quart**. Il est **minuit**. G 28

4. **a** **Va** chez Malika. **b** **Faites** attention. **c** **Montons** dans le bus. **d** **Ecoutez**. G 26

5. **a** – C'est votre collège, Emma et Christian? – Oui, c'est **notre** collège. G 27
b – Ce sont les professeurs de Malika et de Victor? – Oui, ce sont **leurs** professeurs. **c** – C'est le chat de Mme Salomon? – Oui, c'est **son** chat. **d** – Ce ne sont pas mes livres? – Si, monsieur, ce sont **vos** livres.

6. Die Formen ***Regarde./Racontons./Allez.*** nennt man in der Grammatik **Imperative**. G 26

7. Die Aussage **b** stimmt: „***leurs*** steht bei mehreren Besitzern vor Nomen im Plural". G 27
Verbesserung der falschen Aussagen:
a ***leur*** steht bei **mehreren** Besitzern vor Nomen im Singular. G 27
c ***à*** + ***le*** verschmelzen zu ***au***. G 22
d ***de*** + ***les*** verschmelzen zu ***des***. G 16

L 6

1. **a** Christian **va parler** au professeur. **b** Tu **vas aller** au cinéma? **c** Nous **n'allons pas regarder** la télé. **d** Ils **vont faire** de l'escalade. — G 23, 29

2. **a** Malika donne un CD à Emma. **b** Victor raconte une histoire aux enfants. **c** Aujourd'hui, Emma aide sa mère. **d** Demain, Mme Salomon va faire une publicité. — G 32

3. **a** Non, je **n'ouvre pas** la porte. **b** Nous **ne regardons jamais** la télé. **c** Ma mère **ne peut plus** travailler. **d** Nous **ne mangeons rien**. **e** Ils **ne veulent jamais** travailler. **f** Vous **ne savez rien**? — G 30, 31, 33, 35

4. **a** zéro un, soixante-quatre, quarante-cinq, dix-sept, cinquante et un — G 34
   b zéro un, zéro quatre, quatorze, quarante, quarante-quatre
   c zéro un, cinquante-cinq, cinquante, quinze, zéro cinq
   d zéro un, quarante-trois, vingt-deux, soixante-six, quarante-deux

5. Die Aussage **b** stimmt: „Das direkte Objekt steht vor dem indirekten Objekt". — G 32
   Verbesserung der falschen Aussagen:
   a Im *Futur composé* umklammern die Verneinungswörter **die konjugierte Form von *aller***. — G 29
   c Bei der Zahl 32 wird die 2 mit einem **Bindestrich** angeschlossen: ***trente-deux***. — G 34
   d **Doch**. Auf *vouloir*, *pouvoir* und *savoir* kann ein Infinitiv folgen. — G 35

6. **a** **indirektes Objekt** **b** **Subjekt** **c** **direktes Objekt** — G 32

L 7

1. Lösungsvorschläge: — G 36, Révisions S. 65
   vor dem Nomen: petit, grand, bon, joli, mauvais;
   nach dem Nomen, z. B.: intéressant, sportif, bleu, noir, content

2. **a** une histoire **intéressante** **b** des **jolies** maisons **c** une robe **blanche** **d** des chats **gris** — G 37, Révisions S. 65

3. **a** Nous **lisons beaucoup de** livres. **b** Vous **écrivez peu d'**histoires. **c** Elles ne **prennent pas de** gâteau. **d** Nous **prenons un paquet de** croquettes. — G 38, 39, 40, 41

Der Plural der Nomen (→ G 8): Besonderheiten

un bu**s**		des bu**s**		ein Bus/Busse
un moi**s**		des moi**s**		ein Monat/Monate
une souri**s**		des souri**s**		eine Maus/Mäuse
un tapi**s**		des tapi**s**		ein Teppich/Teppiche
un cad**eau**	[-o]	des cad**eaux**	[-o]	ein Geschenk/Geschenke
un gât**eau**		des gâteau**x**		ein Kuchen/Kuchen
un nouv**eau**		des nouv**eaux**		ein Neuer/Neue
un ois**eau**		des ois**eaux**		ein Vogel/Vögel
un **jeu**	[-ø]	des **jeux**	[-ø]	ein Spiel/Spiele
un anim**al**	[-al]	des anim**aux**	[-o]	ein Tier/Tiere
un journ**al**		des journ**aux**		eine Zeitung/Zeitungen
un trav**ail**	[-aj]	des trav**aux**	[-o]	eine Arbeit/Arbeiten
madame	[ma-]	**mes**dame**s**	[me-]	meine Dame/meine Damen
mademoiselle		**mes**demoiselle**s**		mein Fräulein/meine Fräulein
monsieur	[mə-]	**mes**sieur**s**	[me-]	mein Herr/meine Herren
un rendez-vous		des **rendez-vous**		eine Verabredung/Verabredungen
un après-midi		des après-midi**s**		ein Nachmittag/Nachmittage
un porte-monnaie		des porte-monnaie**s**		ein Geldbeutel/Geldbeutel
un bloc à dessin		des bloc**s**	à dessin	ein Zeichenblock/Zeichenblöcke
une salle à manger		des salle**s**	à manger	ein Esszimmer/Esszimmer
une salle de classe		des salle**s**	de classe	ein Klassenzimmer/Klassenzimmer
une salle de bains		des salle**s**	de bains	ein Badezimmer/Badezimmer
une grand-mère		des grand**s**-mère**s**		eine Großmutter/Großmütter
un grand-père		des grand**s**-père**s**		ein Großvater/Großväter
		des grand**s**-parent**s**		Großeltern
une BD		des BD		ein Comic/Comics
un CD		des CD		eine CD/CDs
		les W.-C.		die Toilette
		les Carbonne		die Carbonnes (Familienname)

Der bestimmte und der unbestimmte Artikel (→ G 2, G 10)

	männlich		weiblich		
bestimmter Artikel	**le** crayon	**l'a**rbre	**la** gomme	**l'a**ffiche	Singular
	les crayon**s**	**les‿a**rbre**s**	**les** gomme**s**	**les‿a**ffiche**s**	Plural
unbestimmter Artikel	**un** crayon	**un‿a**rbre	**une** gomme	**une‿a**ffiche	Singular
	des crayon**s**	**des‿a**rbre**s**	**des** gomme**s**	**des‿a**ffiche**s**	Plural

Die Possessivbegleiter (→ G 15, G 27)

ein „Besitzer"

Nomen im **Singular**				Nomen im **Plural**	
männlich	weiblich	weiblich (vor Vokal/"stummem h")		männlich	weiblich
mon chat **ton** chat **son** chat	**ma** voiture **ta** voiture **sa** voiture	**mon‿a**ffiche **ton‿a**ffiche **son‿a**ffiche	**mon‿h**istoire **ton‿h**istoire **son‿h**istoire	**mes** chat**s** **tes** chat**s** **ses** chat**s**	**mes** voiture**s** **tes** voiture**s** **ses** voiture**s**

mehrere „Besitzer"

Nomen im **Singular**		Nomen im **Plural**	
männlich	weiblich	männlich	weiblich
notre chat **votre** chat **leur** chat	**notre** voiture **votre** voiture **leur** voiture	**nos** chat**s** **vos** chat**s** **leurs** chat**s**	**nos** voiture**s** **vos** voiture**s** **leurs** voiture**s**

Achte auf die verschiedenen Entsprechungen für das deutsche „ihr"!

Das ist	ihr	Kind. (= das Kind von Frau Carbonne)	C'est	**son**	enfant.
Das ist	ihre	Familie. (= die Familie von Frau Carbonne)	C'est	**sa**	famille.
Das sind	ihre	Kinder. (= die Kinder von Frau Carbonne)	Ce sont	**ses**	enfants.
Ist das	Ihr	Kind, Herr Carbonne?	C'est	**votre**	enfant, monsieur Carbonne?
Sind das	Ihre	Kinder, Herr und Frau Carbonne?	Ce sont	**vos**	enfants, monsieur et madame Carbonne?
Ist das	ihr	Kind? (= das Kind von Hr. und Fr. Carbonne)	C'est	**leur**	enfant?
Sind das	ihre	Kinder? (= die Kinder von Hr. und Fr. Carbonne)	Ce sont	**leurs**	enfants?

Die Präpositionen *de* und *à* mit dem bestimmten Artikel (→ G 16, G 22)

de + le	Voici une photo	**du**	collège.
de + les	Voici une photo	**des**	copains.
de + les	Voici une photo	**des**	copines.
de + la	Voici une photo	**de la**	maison.
de + l'	Voici une photo	**de l'**	**h**ôtel.
de + l'	Voici une photo	**de l'**	**e**ntrée.

à + le	Christian est	**au**	collège.
à + les	Christian est	**aux**	W.-C.
à + les	Christian est	**aux**	Buttes-Chaumont.
à + la	Christian est	**à la**	maison.
à + l'	Christian est	**à l'**	**h**ôtel.
à + l'	Christian est	**à l'**	**e**ntrée.

Verben mit indirektem Objekt *(à)* (→ G 32)

parler **à qn** Tu ne parles plus à ta copine?	mit jemandem sprechen, zu jemandem sprechen Sprichst du nicht mehr mit deiner Freundin?
téléphoner **à qn** Je vais téléphoner au réalisateur.	mit jemandem telefonieren, jemanden anrufen Ich werde den Regisseur anrufen.
écrire **à qn** Victor écrit à Emma.	jemandem schreiben, an jemanden schreiben Victor schreibt (an) Emma.
écrire **qc à qn** Victor écrit un SMS à Emma.	jemandem etwas schreiben, etwas an jemanden schreiben Victor schreibt Emma eine SMS. Victor schreibt eine SMS an Emma.
demander **à qn** – Où est Théo? – Je ne sais pas. Demande à Christian.	jemanden fragen – Wo ist Théo? – Ich weiß nicht. Frag Christian.
demander **qc à qn** Manon demande un crayon à son frère. Valentin demande l'heure au monsieur.	jemanden um etwas bitten, jemanden etwas fragen Manon bittet ihren Bruder um einen Bleistift. Valentin fragt den Mann nach der Uhrzeit.
lire **qc à qn** Thomas lit ses devoirs aux copains.	jemandem etwas vorlesen Thomas liest den Freunden seine Hausaufgaben vor.
ouvrir **qc à qn** Le régisseur ouvre la porte à Mme Salomon.	jemandem etwas öffnen Der Regisseur öffnet Frau Salomon die Tür.
raconter **qc à qn** Christian raconte une histoire au professeur.	jemandem etwas erzählen Christian erzählt dem Lehrer eine Geschichte.

Die Adjektive (→ G 36, G 37)

1. Männliche und weibliche Formen

allemand	allema**nde**	[almɑ̃]	[almɑ̃**d**]	deutsch
grand	gran**de**	[gʀɑ̃]	[gʀɑ̃**d**]	groß
content	conten**te**	[kɔ̃tɑ̃]	[kɔ̃tɑ̃**t**]	zufrieden
intéressant	intéressan**te**	[ɛ̃teʀɛsɑ̃]	[ɛ̃teʀɛsɑ̃**t**]	interessant
petit	peti**te**	[pəti]	[pəti**t**]	klein
vert	ver**te**	[vɛʀ]	[vɛʀ**t**]	grün
français	françai**se**	[fʀɑ̃sɛ]	[fʀɑ̃sɛ**z**]	französisch
gris	gri**se**	[gʀi]	[gʀi**z**]	grau
mauvais	mauvai**se**	[movɛ]	[movɛ**z**]	schlecht

blanc	blan**che**	[blɑ̃]	[blɑ̃**ʃ**]	weiß
bon	bo**nne**	[bɔ̃]	[bɔ**n**]	gut
faux	fau**sse**	[fo]	[fo**s**]	falsch
fou	fo**lle**	[fu]	[fɔ**l**]	verrückt
sportif	sporti**ve**	[spɔʀtif]	[spɔʀti**v**]	sportlich

joli	jolie	[ʒɔli]	hübsch
vrai	vraie	[vʀɛ]	wahr
bleu	bleue	[blø]	blau
noir	noire	[nwaʀ]	schwarz

bizarre	[bizaʀ]	merkwürdig
facile	[fasil]	leicht
jaune	[ʒon]	gelb
rouge	[ʀuʒ]	rot
sale	[sal]	schmutzig
vide	[vide]	leer

2. Besonderheiten im Plural

un livre	} **français**	Das gilt für:	français	französisch
des livre**s**			mauvais	schlecht
une ville	français**e**		gris	grau
des ville**s**	français**es**		faux	falsch

3. Unveränderliche Adjektive

un pantalon	} **marron**	Das gilt für:	marron	braun
des pantalon**s**			orange	orange
une robe			super	super
des robe**s**				

sympa als Abkürzung für ***sympathique*** wird nur im Plural angeglichen:
un copain sympa, une copine sympa, des copains sympa**s**, des copines sympa**s**.

Die Präpositionen

Elle attend sa famille **à** la gare.	**am**	Sie erwartet ihre Familie **am** Bahnhof.
Qu'est-ce que tu fais lundi?		Was machst du **am** Montag?
Il met le journal **sur** la table.	**auf**	Er legt die Zeitung **auf** den Tisch.
Les élèves sont **dans** la cour.		Die Schüler sind **auf** dem Hof.
Ne joue pas **dans** la rue.		Spiel nicht **auf** der Straße.
Tu écris l'histoire **en** français?		Schreibst du die Geschichte **auf** Französisch?
Il attend **le bus** pour Paris.		Er wartet **auf** den Bus nach Paris.
Elle va **en** roller au collège.		Er fährt **auf** Rollschuhen in die Schule.
Je suis **chez** mon amie/le médecin.	**bei**	Ich bin **bei** meiner Freundin/**beim** Arzt.
Elle a toujours son chat **avec** elle.		Sie hat immer ihre Katze **bei** sich.
Il travaille **de** 2 heures **à 6** heures.	**bis**	Er arbeitet **von** 2 Uhr **bis** 6 Uhr.
Le portable est **dans** mon sac.	**in/ins/im**	Das Handy ist **in** meiner Tasche.
L'Arc de triomphe est **à** Paris,		Der Triumphbogen ist **in** Paris *(Stadt)*,
en France.		**in** Frankreich *(Land)*.
Ils habitent **rue Richard Lenoir**.		Sie wohnen **in** der Richard-Lenoir-Straße.
Dimanche, on va **au** cinéma.		Sonntag gehen wir **ins** Kino.
Parle **avec** elle.	**mit**	Sprich **mit** ihr.
Il arrive **en** voiture.		Er kommt **mit** dem Auto.
Le Mardi, il ne rentre pas **à** la maison.	**nach**	Dienstags kommt er nicht **nach** Hause. *(örtlich)*
Après le repas, elle joue au tennis.		**Nach** dem Essen spielt sie Tennis. *(zeitlich)*
Devant la maison, il y a un arbre.	**vor**	**Vor** dem Haus steht ein Baum. *(örtlich)*
Derrière la maison, il y a un square.	**hinter**	**Hinter** dem Haus ist ein Platz.
Le chien est **sous** la table.	**unter**	Der Hund ist **unter** dem Tisch.

Die regelmäßigen Verben auf *-er*: -e, -es, -e, -ons, -ez, -ent

Infinitiv	Konjugation				Imperativ	
chercher (G 12)	je	cherch**e**	nous	cherch**ons**	Cherche.	suchen
	tu	cherch**es**	vous	cherch**ez**	Cherchons.	
	il/elle/on	cherch**e**	ils/elles	cherch**ent**	Cherchez.	

Ebenso: alle regelmäßigen Verben auf ***-er***

manger (G 33)	je	mange	nous	mangeons	Mange.	essen
	tu	manges	vous	mangez	Mangeons.	
	il/elle/on	mange	ils/elles	mangent	Mangez.	

Ebenso: **bouger** (sich bewegen)

adorer qn	jdn. sehr gerne mögen
aider qn	jdm. helfen
aimer qc	etw. lieben, mögen
aimer faire qc	etw. gerne tun
arriver	(an)kommen
attacher qc	etw. (fest)binden
attraper qn	jdn. (ein)fangen, erwischen
bouger	sich bewegen
bousculer qn	jdn. anrempeln
chercher qc	etw. suchen
coller qc	etw. (an)kleben
couper qc	etw. schneiden
crier	schreien
danser	tanzen
débuter dans qc	Anfänger sein in etw.
demander qc à qn	jdn. etwas fragen
dessiner qc	etw. zeichnen
discuter	sich unterhalten, diskutieren
donner qc à qn	jdm. etw. geben
écouter qn	jdm. zuhören
entrer	eintreten, betreten, hereinkommen
fêter qc	etw. feiern
grimper	klettern
habiter	wohnen
jouer	spielen
manger qc	etw. essen
monter	steigen, einsteigen
oublier qc	etw. vergessen
parler à qn	mit jdm. sprechen, zu jdm. sprechen
poser qc	etw. stellen, setzen, legen
préparer qc	etw. vorbereiten
quitter qc	etw. verlassen
raconter qc	etw. erzählen
ramasser qc	etw. aufheben, einsammeln
regarder qc	etw. sehen, ansehen, betrachten
respecter qc	etw. achten
rester	bleiben
rêver de qc	von etw. träumen
sonner	klingeln
téléphoner	telefonieren
téléphoner à qn	mit jdm. telefonieren, jdn. anrufen
tourner	drehen/abbiegen
tourner qc	etw. (um)drehen
travailler	arbeiten
traverser qc	etw. überqueren
trouver qc	etw. finden
visiter qc	etw. besichtigen
voler qc	etw. stehlen

Dies sind alle regelmäßigen Verben auf ***-er***, die du in Découvertes 1 gelernt hast.

Unregelmäßige Verben

Infinitiv	Konjugation				Imperativ	
aller (G 23)	je tu il/elle/on	**vais** **vas** **va**	nous vous ils/elles	**allons** **allez** **vont**	**Va**. Allons. Allez.	gehen
avoir (G 19)	j' tu il/elle/on	**ai** **as** **a**	nous vous ils/elles	**avons** **avez** **ont**		haben
écrire (G 38)	j' tu il/elle/on	**écris** **écris** **écrit**	nous vous ils/elles	**écrivons** **écrivez** **écrivent**	Écris. Écrivons. Écrivez.	schreiben
être (G 13)	je tu il/elle/on	**suis** **es** **est**	nous vous ils/elles	**sommes** **êtes** **sont**		sein
faire (G 17)	je tu il/elle/on	**fais** **fais** **fait**	nous vous ils/elles	**faisons** **faites** **font**	Fais. Faisons. **Faites**.	machen
lire (G 38)	je tu il/elle/on	**lis** **lis** **lit**	nous vous ils/elles	**lisons** **lisez** **lisent**	Lis. Lisons. Lisez.	lesen
ouvrir (G 31)	j' tu il/elle/on	**ouvre** **ouvres** **ouvre**	nous vous ils/elles	**ouvrons** **ouvrez** **ouvrent**	Ouvre. Ouvrons. Ouvrez.	öffnen
pouvoir (G 35)	je tu il/elle/on	**peux** **peux** **peut**	nous vous ils/elles	**pouvons** **pouvez** **peuvent**		können
prendre (G 39)	je tu il/elle/on	**prends** **prends** **prend**	nous vous ils/elles	**prenons** **prenez** **prennent**	Prends. Prenons. Prenez.	nehmen
savoir (G 35)	je tu il/elle/on	**sais** **sais** **sait**	nous vous ils/elles	**savons** **savez** **savent**		wissen
vouloir (G 35)	je tu il/elle/on	**veux** **veux** **veut**	nous vous ils/elles	**voulons** **voulez** **veulent**		wollen

- In der linken Spalte findest du die Begriffe, die in diesem Grammatischen Beiheft verwendet werden. Das „G“ verweist auf die Stelle, an der du etwas über den Begriff erfährst.
- In der mittleren Spalte findest du Bezeichnungen, die du aus der Grundschule kennst. Manchmal stehen dort auch Begriffe, die zwar in dieser Grammatik nicht verwendet werden, jedoch möglicherweise von deiner Lehrerin/deinem Lehrer gebraucht werden.
- In der rechten Spalte findest du die französischen Entsprechungen sowie französische Beispiele.

Verwendete Bezeichnungen	Entsprechungen	Französische Bezeichnungen und Beispiele
der *accent* (G 3)	der Akzent	***l'accent*** *(m.)* *l'accent* ***aigu****: Th**é**o* *l'accent* ***grave****: coll**è**ge; o**ù**; l**à*** *l'accent* ***circonflexe****: thé**â**tre; s'il te pla**î**t*
das Adjektiv (G 36, 37)	das Eigenschaftswort	***l'adjectif*** *(m.):* *une* ***grande*** *salle; la salle est* ***grande*** *un chien* ***content****; des robes* ***vertes***
die adverbiale Bestimmung (G 32)	die Umstands-bestimmung (der Zeit, des Ortes)	***le complément circonstanciel:*** *Il va au collège* ***à neuf heures****.* ***Dans le magasin****, il vole un CD.*
der Apostroph (G 2, 3)	das Auslassungs-zeichen	***l'apostrophe*** *(f.):* ***l'****arbre;* ***j'****aime*
der Artikel **– bestimmter ~** (G 2, 10) **– unbestimmter ~** (G 1, 9)	das Geschlechtswort	***l'article*** *(m.):* *~* ***défini****:* ***le*** *copain;* ***la*** *copine;* ***l'****ami/****l'****amie* ***les*** *copains/****les*** *copines;* ***les*** *amis/****les*** *amies* *~* ***indéfini****:* ***un*** *copain;* ***une*** *copine;* ***des*** *copains/****des*** *copines*
der Aussagesatz (G 6)		***la phrase déclarative:*** *Emma est une fille.*
die Bindung (G 9)		***la liaison:*** *des‿arbres* [dezaʀbʀ]
die *cédille* (G 3)		***la cédille:*** *gar**ç**on;* ***ç****a*
die Entscheidungsfrage (G 6, 24)	die Gesamtfrage / die Ja-Nein-Frage	***l'interrogation*** *(f.)* ***globale:*** *Emma est dans la cour**?*** *Est-ce que Nathalie a un chien?*

Verwendete Bezeichnungen	Entsprechungen	Französische Bezeichnungen und Beispiele
die Ergänzungsfrage (G 7, 25)	die Teilfrage / die Frage mit Fragewort / die Wortfrage / die W-Frage	***l'interrogation partielle***: *Que fait Christian? Tu t'appelles comment? Quand est-ce que Christian arrive ?*
die *Est-ce que*-Frage (G 24, 25)	die Frage mit *est-ce que*/die Umschreibungsfrage	***l'interrogation avec* «est-ce que»**: *Est-ce que Malika aime le foot? Qu'est-ce qu'elle fait aujourd'hui?*
der Fragesatz (G 6, 24, 25)		***la phrase interrogative***: *Qui est-ce?*
das *Futur composé* (G 29)	die Zukunft	***le futur composé***: *Demain, je vais regarder la télé.*
das (grammatische) Geschlecht (= männlich/weiblich) (G 2)	das Genus	***le genre***: ***un*** *copain;* ***une*** *copine*
der Imperativ (G 26)	die Befehlsform	***l'impératif*** *(m.): Regarde. Ecrivons. Répondez.*
der Infinitiv (G 5)	die Grundform (des Verbs)	***l'infinitif*** *(m.): chercher; aller; être; vouloir*
die Konjugation (G 29)	die Beugung des Zeitwortes	***la conjugaison***: *je regarde, tu regardes, etc.*
der Konsonant (G 14)	der Mitlaut	***la consonne***: *b; c; d; f; g; etc.*
männlich/das männliche Geschlecht (G 1)	maskulin/das Maskulinum	***masculin/le genre masculin***: ***un*** *ami;* ***un*** *chien*
das Nomen (G 1, 8)	das Hauptwort/ das Namenwort/ das Substantiv	***le nom/le substantif***: *le* ***copain;*** *la* ***rue***
das Objekt (G 32) **- direktes ~** **- indirektes ~**	die Satzergänzung das Akkusativobjekt das Dativobjekt	***l'objet***: – ~ ***direct:*** *Malika regarde* ***Christian.*** – ~ ***indirect:*** *Emma raconte une histoire* ***à son père.***

Verwendete Bezeichnungen	Entsprechungen	Französische Bezeichnungen und Beispiele
das Personalpronomen (G 4, 11, 12)	das persönliche Fürwort	***le pronom personnel:*** ***je, tu, il, elle, on, nous, vous, ils, elles***
der Plural (G 8)	die Mehrzahl	***le pluriel:*** ***les*** *voitures;* ***les*** *cadeau**x***
der Possessivbegleiter (G 15, 27)	das besitzanzeigende Fürwort/das adjektivische Possessivpronomen	***l'adjectif possessif:*** ***mon*** *frère;* ***ta*** *sœur;* ***son*** *amie …* ***leur*** *maison;* ***leurs*** *maison**s***
die Präposition (G 16)	das Verhältniswort	***la préposition:*** ***à*** *Paris;* ***avec*** *Victor;* ***sur*** *un banc*
das Präsens	die Gegenwart	***le présent:*** *Je* ***suis*** *Christian. J'****aime*** *dessiner.*
der Singular (G 1)	die Einzahl	***le singulier:*** ***un*** *voisin*
das Subjekt (G 32)	der Satzgegenstand	***le sujet:*** ***Christian*** *aime les dessins.*
das Verb (G 5)	das Zeitwort	***le verbe:*** *être; regarder; pouvoir; etc.*
die Verneinung (G 18, 21, 30, 41)		***la négation:*** *Je* ***ne*** *travaille* ***pas****.* *Je* ***ne*** *travaille* ***plus****.* *Je* ***ne*** *travaille* ***jamais****.* *Je* ***ne*** *mange* ***rien****.* *Je* ***ne*** *mange* ***pas de*** *gâteau.*
der Vokal (G 2)	der Selbstlaut	***la voyelle:*** *a; e; i; o; u; y*
weiblich/das weibliche Geschlecht	feminin/das Femininum	***féminin/le genre féminin:*** ***une*** *amie;* ***une*** *souris*
die Zahlen (G 14, 20, 34)	die Grundzahlen/die Kardinalzahlen	***les nombres:*** *un, deux, trois, quatre …*